Calendar 2021

JANUARY

S	M	T	W	T	F	S
					1	2
3	4	5	6	7	8	9
10	11	12	13	14	15	16
17	18	19	20	21	22	23
24	25	26	27	28	29	30
31						

FEBRUARY

S	M	T	W	T	F	S
	1	2	3	4	5	6
7	8	9	10	11	12	13
14	15	16	17	18	19	20
21	22	23	24	25	26	27
28						

MARCH

S	M	T	W	T	F	S
	1	2	3	4	5	6
7	8	9	10	11	12	13
14	15	16	17	18	19	20
21	22	23	24	25	26	27
28	29	30	31			

APIL

S	M	T	W	T	F	S
				1	2	3
4	5	6	7	8	9	10
11	12	13	14	15	16	17
18	19	20	21	22	23	24
25	26	27	28	29	30	

MAY

S	M	T	W	T	F	S
						1
2	3	4	5	6	7	8
9	10	11	12	13	14	15
16	17	18	19	20	21	22
23	24	25	26	27	28	29
30	31					

JUNE

S	M	T	W	T	F	S
		1	2	3	4	5
6	7	8	9	10	11	12
13	14	15	16	17	18	19
20	21	22	23	24	25	26
27	28	29	30			

JULY

S	M	T	W	T	F	S
				1	2	3
4	5	6	7	8	9	10
11	12	13	14	15	16	17
18	19	20	21	22	23	24
25	26	27	28	29	30	31

AUGUST

S	M	T	W	T	F	S
1	2	3	4	5	6	7
8	9	10	11	12	13	14
15	16	17	18	19	20	21
22	23	24	25	26	27	28
29	30	31				

SEPTEMBER

S	M	T	W	T	F	S
			1	2	3	4
5	6	7	8	9	10	11
12	13	14	15	16	17	18
19	20	21	22	23	24	25
26	27	28	29	30		

OCTOBER

S	M	T	W	T	F	S
					1	2
3	4	5	6	7	8	9
10	11	12	13	14	15	16
17	18	19	20	21	22	23
24	25	26	27	28	29	30
31						

NOVEMBER

S	M	T	W	T	F	S
	1	2	3	4	5	6
7	8	9	10	11	12	13
14	15	16	17	18	19	20
21	22	23	24	25	26	27
28	29	30				

DECEMBER

S	M	T	W	T	F	S
			1	2	3	4
5	6	7	8	9	10	11
12	13	14	15	16	17	18
19	20	21	22	23	24	25
26	27	28	29	30	31	

Bullet Key

□ TASK

☑ STARTED

■ COMPLETED

⊟ ~~CANCELED~~

» MIGRATED

« SCHEDULED

○ EVENT

△ APPOINTMENT

— NOTE

✳ IMPORTANT

⌸ BIRTHDAY

◔ DEADLINE

☿ QUESTION

♡ IDEA

$ EXPENSES

Future log

JAN

S	M	T	W	T	F	S
					1	2
3	4	5	6	7	8	9
10	11	12	13	14	15	16
17	18	19	20	21	22	23
24	25	26	27	28	29	30
31						

FEB

S	M	T	W	T	F	S
1	2	3	4	5	6	
7	8	9	10	11	12	13
14	15	16	17	18	19	20
21	22	23	24	25	26	27
28						

MAR

S	M	T	W	T	F	S
1	2	3	4	5	6	
7	8	9	10	11	12	13
14	15	16	17	18	19	20
21	22	23	24	25	26	27
28	29	30	31			

APR

S	M	T	W	T	F	S
				1	2	3
4	5	6	7	8	9	10
11	12	13	14	15	16	17
18	19	20	21	22	23	24
25	26	27	28	29	30	

MAY

S	M	T	W	T	F	S
						1
2	3	4	5	6	7	8
9	10	11	12	13	14	15
16	17	18	19	20	21	22
23	24	25	26	27	28	29
30	31					

JUN

S	M	T	W	T	F	S
		1	2	3	4	5
6	7	8	9	10	11	12
13	14	15	16	17	18	19
20	21	22	23	24	25	26
27	28	29	30			

Future log

JUL

S	M	T	W	T	F	S
				1	2	3
4	5	6	7	8	9	10
11	12	13	14	15	16	17
18	19	20	21	22	23	24
25	26	27	28	29	30	31

AUG

S	M	T	W	T	F	S
1	2	3	4	5	6	7
8	9	10	11	12	13	14
15	16	17	18	19	20	21
22	23	24	25	26	27	28
29	30	31				

SEP

S	M	T	W	T	F	S
		1	2	3	4	
5	6	7	8	9	10	11
12	13	14	15	16	17	18
19	20	21	22	23	24	25
26	27	28	29	30		

OCT

S	M	T	W	T	F	S
					1	2
3	4	5	6	7	8	9
10	11	12	13	14	15	16
17	18	19	20	21	22	23
24	25	26	27	28	29	30
31						

NOV

S	M	T	W	T	F	S
	1	2	3	4	5	6
7	8	9	10	11	12	13
14	15	16	17	18	19	20
21	22	23	24	25	26	27
28	29	30				

DEC

S	M	T	W	T	F	S
		1	2	3	4	
5	6	7	8	9	10	11
12	13	14	15	16	17	18
19	20	21	22	23	24	25
26	27	28	29	30	31	

MONTHLY LOG

NOTE

SUN	MON	THU	WED
3	4	5	6
10	11	12	13
17	18	19	20
24	25	26	27

THU	FRI	SAT
	1	2
7	8	9
14	15	16
21	22	23
28	29	30	31

February

MONTHLY LOG

SUN	MON	THU	WED
	1	2	3
7	8	9	10
14	15	16	17
21	22	23	24
28			

THU	FRI	SAT
4	5	6
11	12	13
18	19	20
25	26	27

NOTE

March

MONTHLY LOG

SUN	MON	THU	WED
	1	2	3
7	8	9	10
14	15	16	17
21	22	23	24
28	29	30	31

THU
FRI
SAT
NOTE
4
5
6
11
12
13
18
19
20
25
26
27

April

MONTHLY LOG

SUN	MON	THU	WED
4	5	6	7
11	12	13	14
18	19	20	21
25	26	27	28

THU	FRI	SAT
1	2	3
8	9	10
15	16	17
22	23	24
29	30	

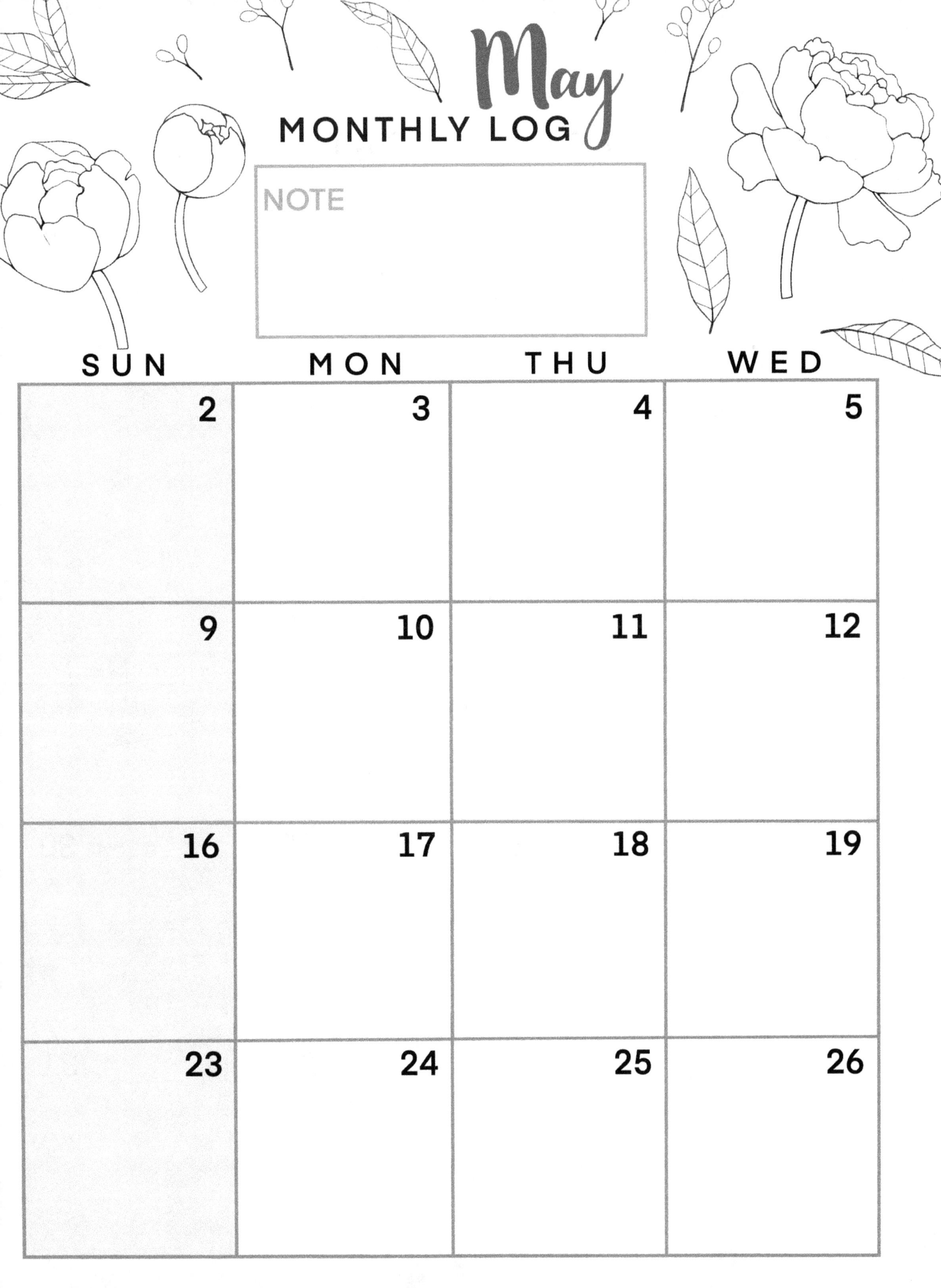

May
MONTHLY LOG
NOTE
SUN MON THU WED
2 3 4 5
9 10 11 12
16 17 18 19
23 24 25 26

THU	FRI	SAT
		1
6	7	8
13	14	15
20	21	22
27	28	29

	30
	31

June MONTHLY LOG

SUN	MON	THU	WED
		1	2
6	7	8	9
13	14	15	16
20	21	22	23
27	28	29	30

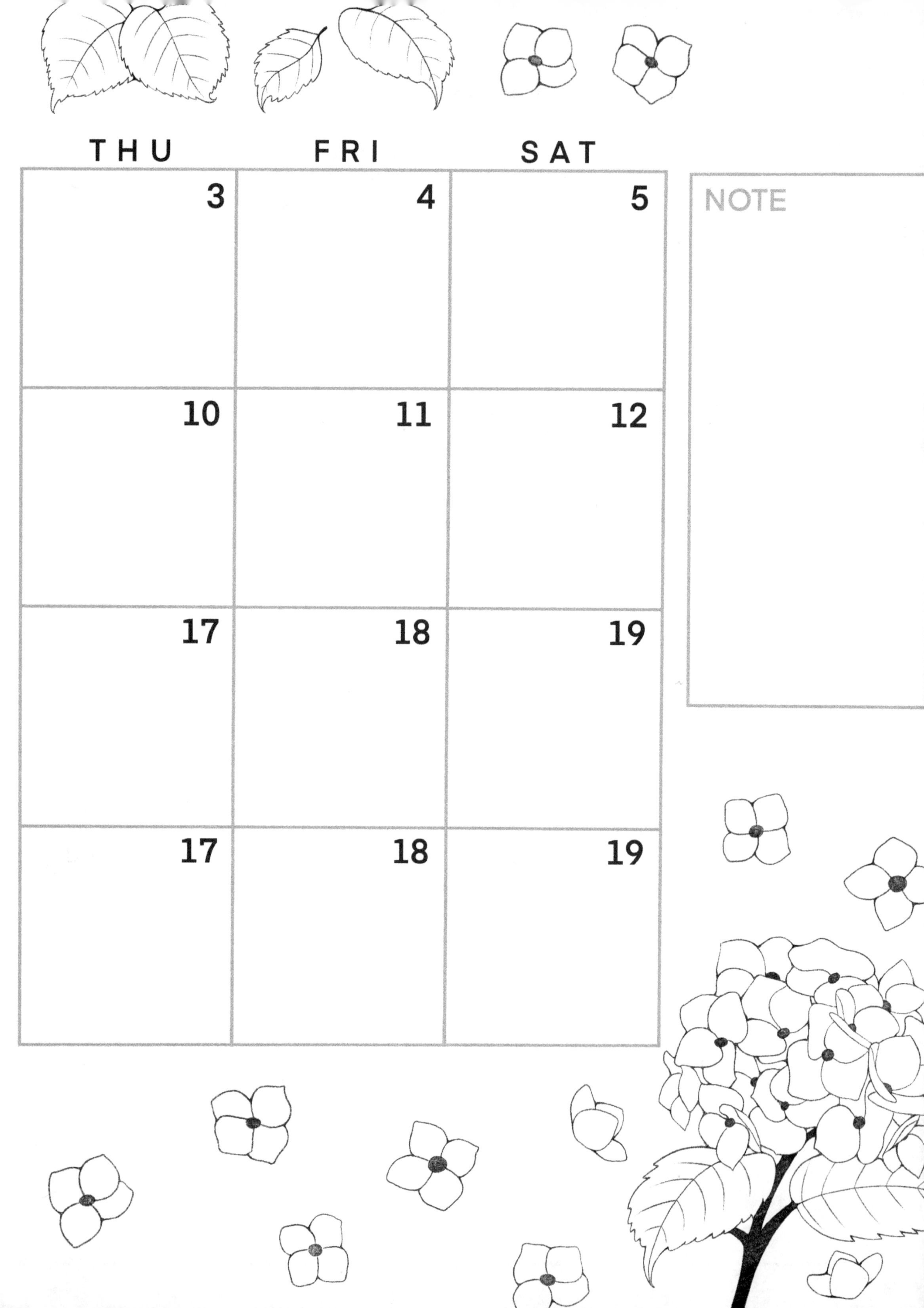

THU
FRI
SAT
3
4
5
10
11
12
17
18
19
17
18
19
NOTE

July MONTHLY LOG

SUN	MON	THU	WED
4	5	6	7
11	12	13	14
18	19	20	21
25	26	27	28

THU   FRI   SAT

1   2   3

8   9   10

15 16 17

22 23 24

29 30 31

NOTE

August — MONTHLY LOG

SUN	MON	THU	WED
1	2	3	4
8	9	10	11
15	16	17	18
22	23	24	25
29	30	31	

THU	FRI	SAT	
5	6	7	NOTE
12	13	14	
19	20	21	
26	27	28	

September

MONTHLY LOG

SUN	MON	THU	WED
			1
5	6	7	8
12	13	14	15
19	20	21	22
26	27	28	29

THU	FRI	SAT
2	3	4
9	10	11
16	17	18
23	24	25
30		

NOTE

SUN	MON	THU	WED
3	4	5	6
10	11	12	13
17	18	19	20
24	25	26	27

THU	FRI	SAT
	1	2
7	8	9
14	15	16
21	22	23
28	29	30
31		

November
MONTHLY LOG

SUN	MON	THU	WED
	1	2	3
7	8	9	10
14	15	16	18
21	22	23	24
28	29	30	

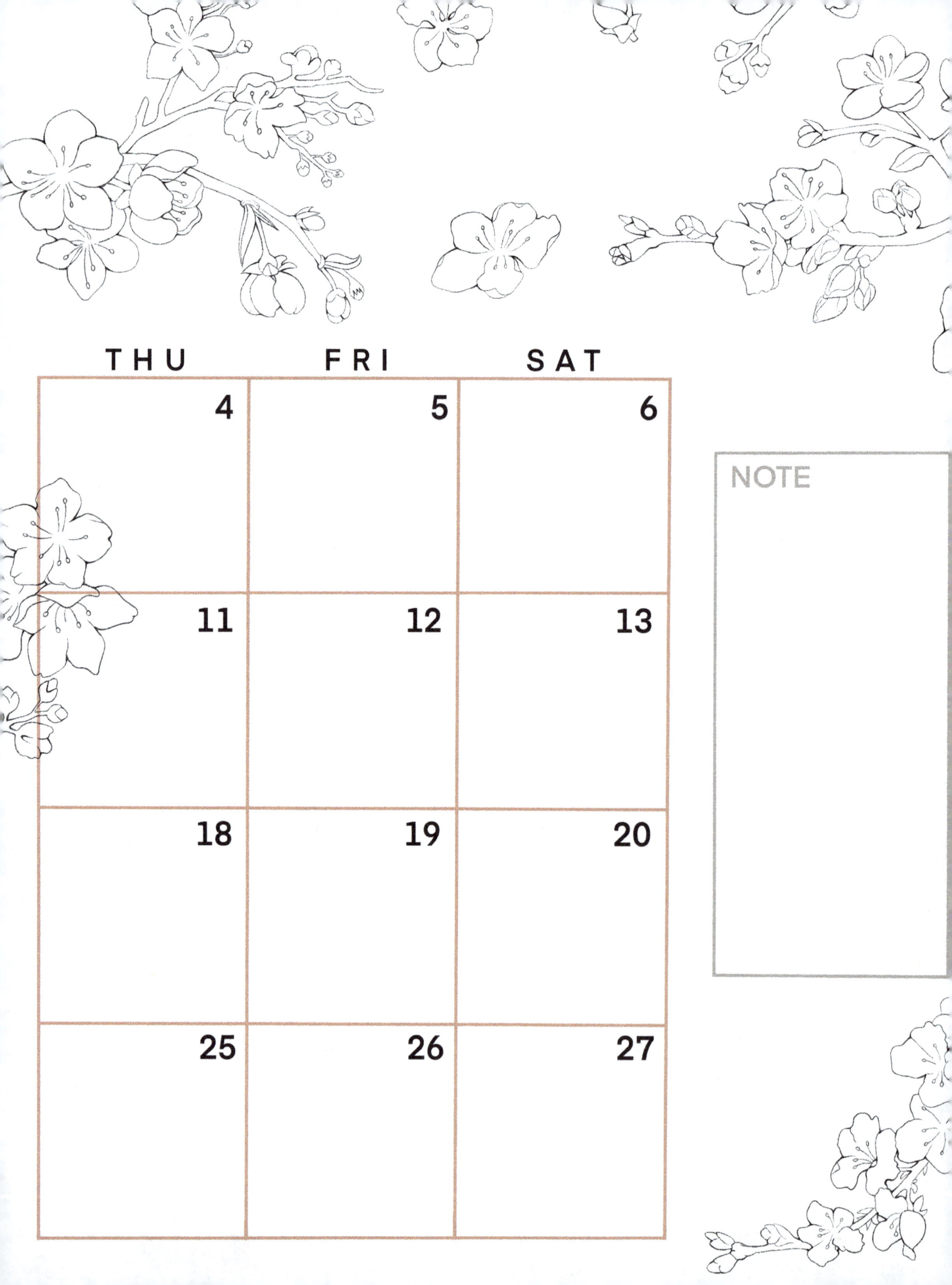

THU
FRI
SAT
4
5
6
11
12
13
18
19
20
25
26
27
NOTE

December MONTHLY LOG

SUN	MON	THU	WED
			1
5	6	7	8
12	13	14	15
19	20	21	22
26	27	28	29

<table>
<tr><th>THU</th><th>FRI</th><th>SAT</th><th></th></tr>
<tr><td>2</td><td>3</td><td>4</td><td>NOTE</td></tr>
<tr><td>9</td><td>10</td><td>11</td><td></td></tr>
<tr><td>16</td><td>17</td><td>18</td><td></td></tr>
<tr><td>23</td><td>24</td><td>25</td><td></td></tr>
<tr><td>30</td><td>31</td><td></td><td></td></tr>
</table>

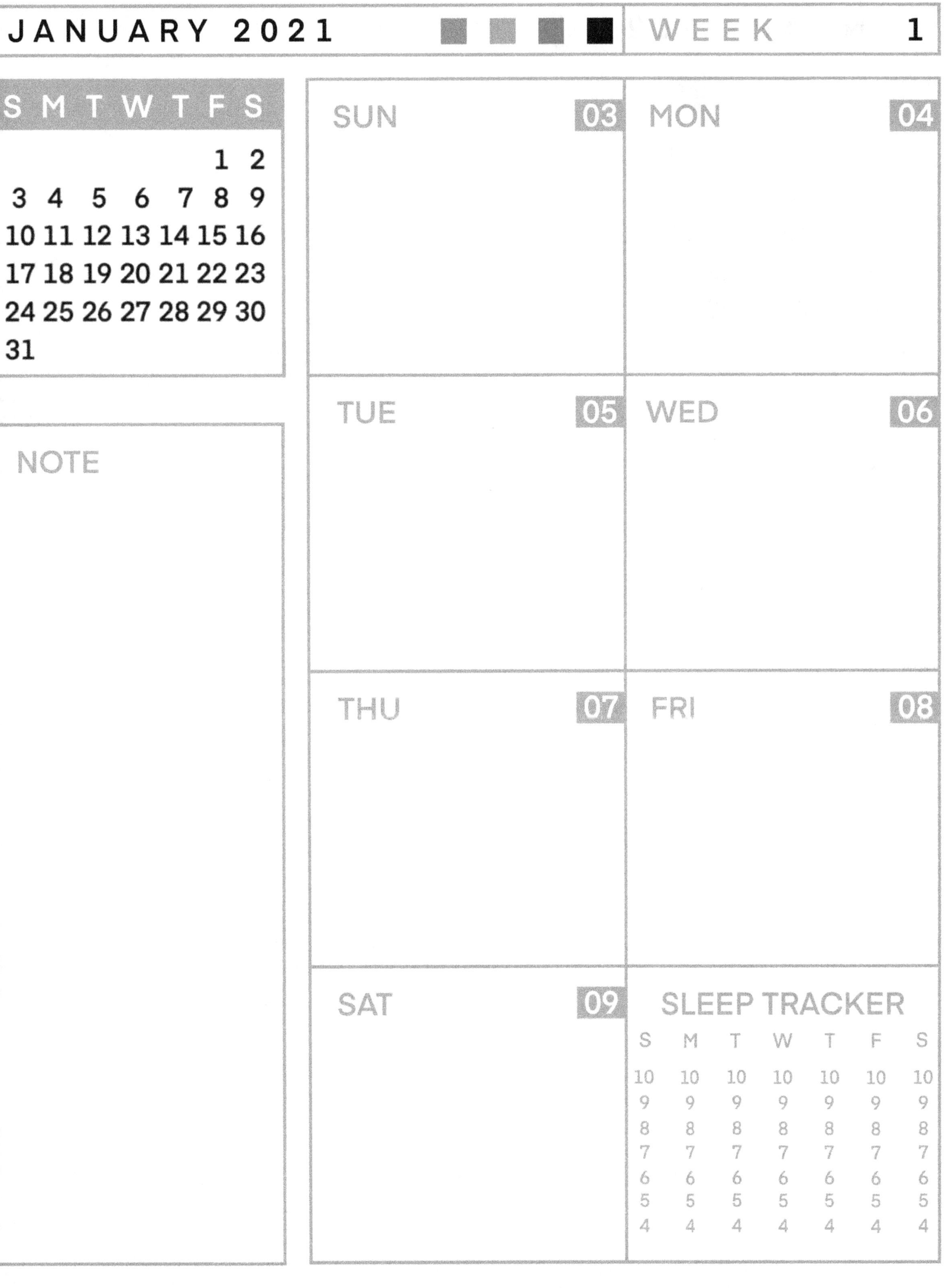
JANUARY 2021
WEEK 1
S M T W T F S
1 2
3 4 5 6 7 8 9
10 11 12 13 14 15 16
17 18 19 20 21 22 23
24 25 26 27 28 29 30
31
NOTE
SUN 03
MON 04
TUE 05
WED 06
THU 07
FRI 08
SAT 09
SLEEP TRACKER
S M T W T F S
10 10 10 10 10 10 10
9 9 9 9 9 9 9
8 8 8 8 8 8 8
7 7 7 7 7 7 7
6 6 6 6 6 6 6
5 5 5 5 5 5 5
4 4 4 4 4 4 4

JANUARY 2021 | WEEK 2

S	M	T	W	T	F	S
					1	2
3	4	5	6	7	8	9
10	11	12	13	14	15	16
17	18	19	20	21	22	23
24	25	26	27	28	29	30
31						

NOTE

SUN 10

MON 11

TUE 12

WED 13

THU 14

FRI 15

SAT 16

SLEEP TRACKER

S	M	T	W	T	F	S
10	10	10	10	10	10	10
9	9	9	9	9	9	9
8	8	8	8	8	8	8
7	7	7	7	7	7	7
6	6	6	6	6	6	6
5	5	5	5	5	5	5
4	4	4	4	4	4	4

JANUARY 2021

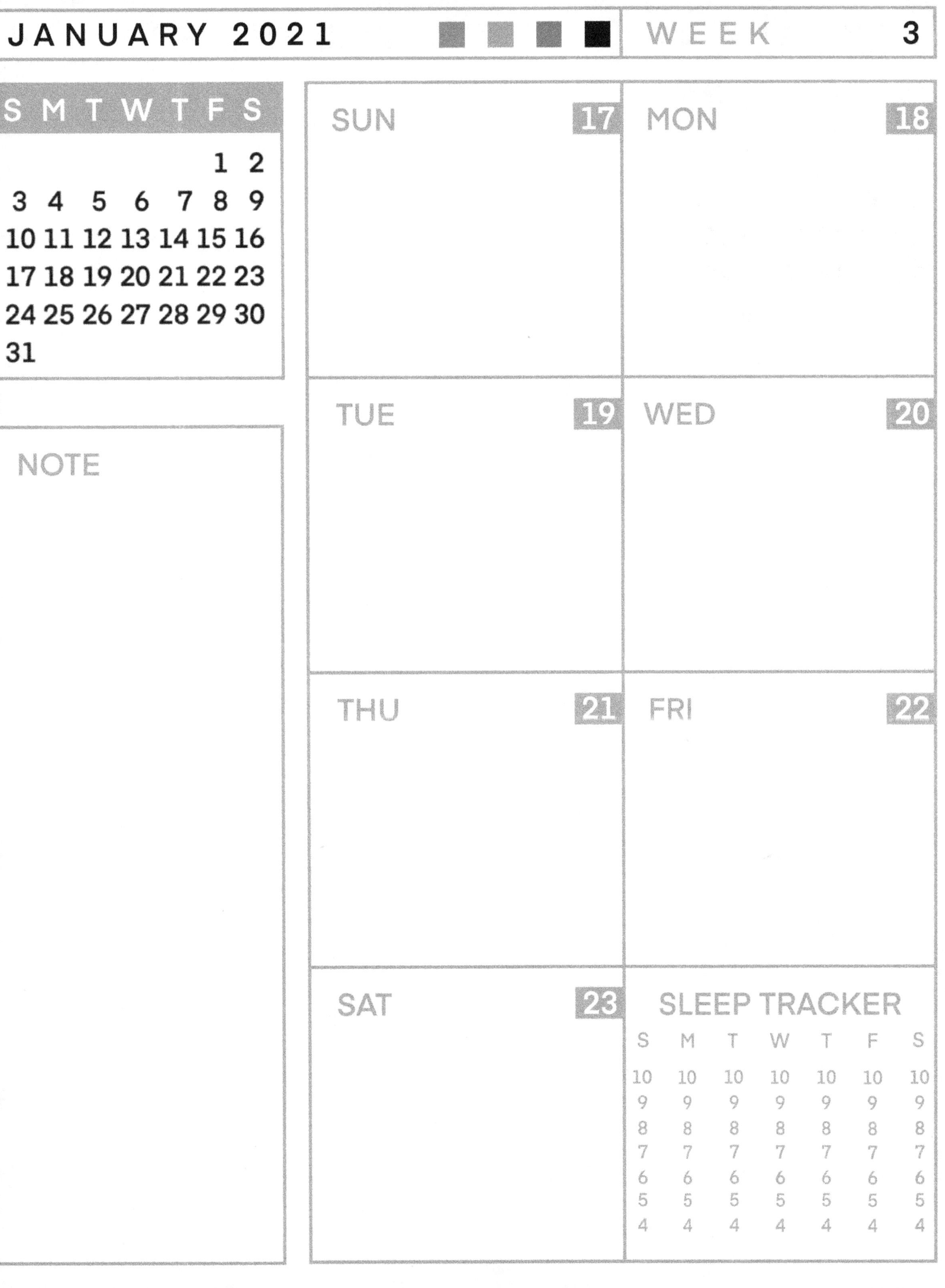

WEEK 3

S	M	T	W	T	F	S
					1	2
3	4	5	6	7	8	9
10	11	12	13	14	15	16
17	18	19	20	21	22	23
24	25	26	27	28	29	30
31						

NOTE

SUN	17	MON	18
TUE	19	WED	20
THU	21	FRI	22
SAT	23

SLEEP TRACKER

S	M	T	W	T	F	S
10	10	10	10	10	10	10
9	9	9	9	9	9	9
8	8	8	8	8	8	8
7	7	7	7	7	7	7
6	6	6	6	6	6	6
5	5	5	5	5	5	5
4	4	4	4	4	4	4

JANUARY 2021 | WEEK 4

S	M	T	W	T	F	S
					1	2
3	4	5	6	7	8	9
10	11	12	13	14	15	16
17	18	19	20	21	22	23
24	25	26	27	28	29	30
31						

NOTE

SUN 24

MON 25

TUE 26

WED 27

THU 28

FRI 29

SAT 30

SLEEP TRACKER

S	M	T	W	T	F	S
10	10	10	10	10	10	10
9	9	9	9	9	9	9
8	8	8	8	8	8	8
7	7	7	7	7	7	7
6	6	6	6	6	6	6
5	5	5	5	5	5	5
4	4	4	4	4	4	4

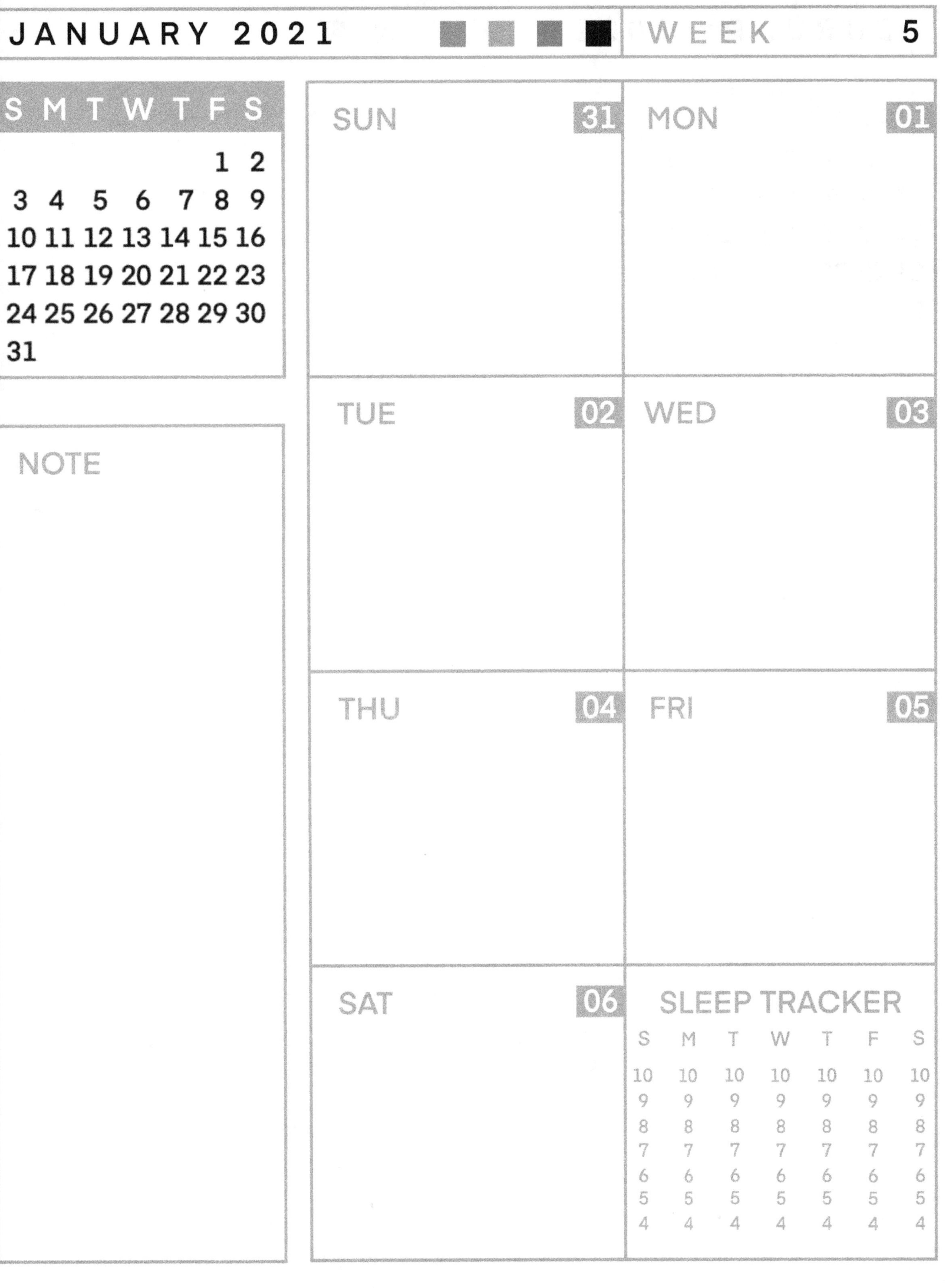

JANUARY 2021
WEEK 5

S M T W T F S
1 2
3 4 5 6 7 8 9
10 11 12 13 14 15 16
17 18 19 20 21 22 23
24 25 26 27 28 29 30
31

NOTE

SUN 31
MON 01
TUE 02
WED 03
THU 04
FRI 05
SAT 06

SLEEP TRACKER
S M T W T F S
10 10 10 10 10 10 10
9 9 9 9 9 9 9
8 8 8 8 8 8 8
7 7 7 7 7 7 7
6 6 6 6 6 6 6
5 5 5 5 5 5 5
4 4 4 4 4 4 4

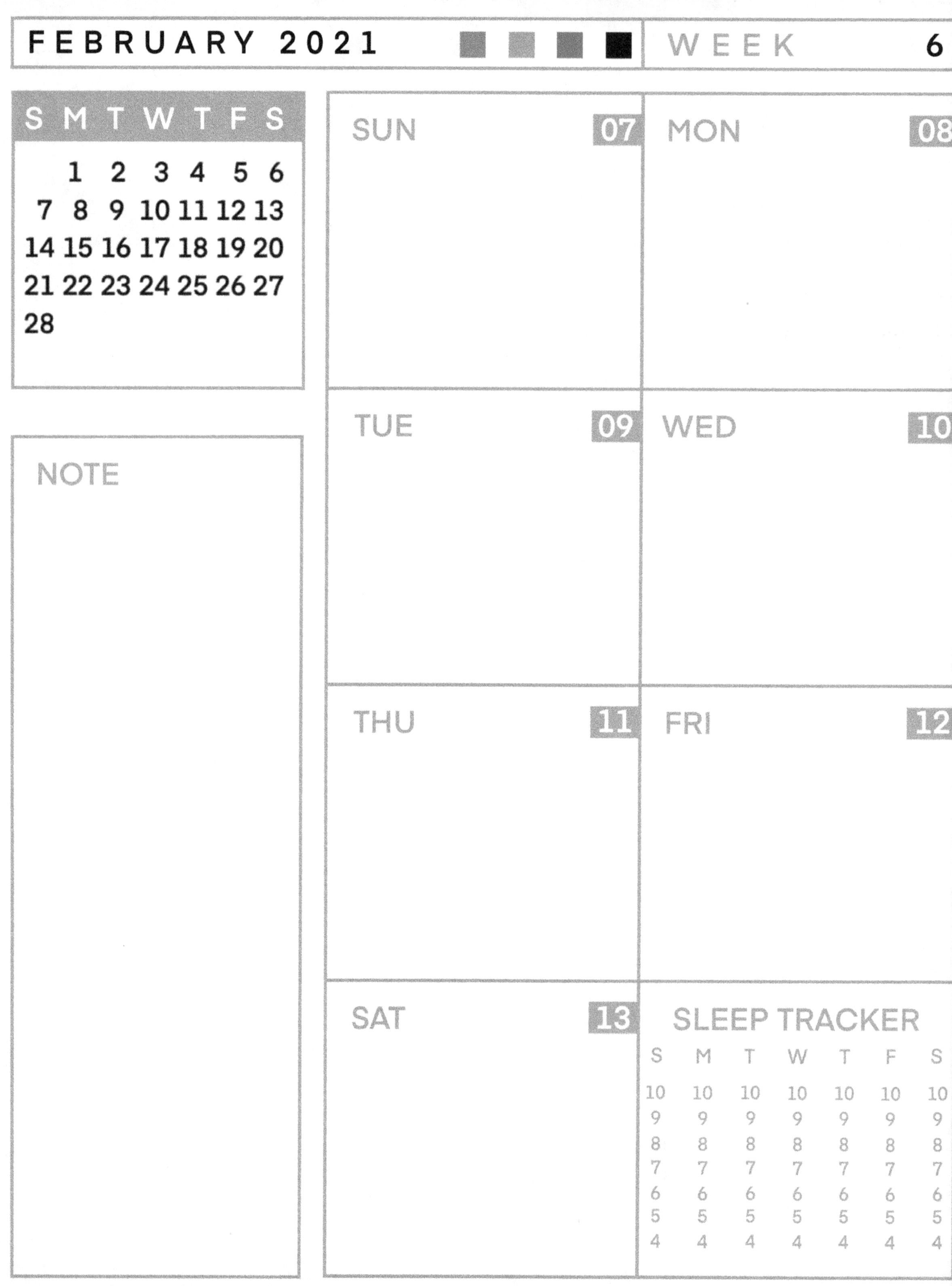

FEBRUARY 2021
WEEK 6

S M T W T F S
1 2 3 4 5 6
7 8 9 10 11 12 13
14 15 16 17 18 19 20
21 22 23 24 25 26 27
28

NOTE

SUN 07
MON 08
TUE 09
WED 10
THU 11
FRI 12
SAT 13

SLEEP TRACKER
S M T W T F S
10 10 10 10 10 10 10
9 9 9 9 9 9 9
8 8 8 8 8 8 8
7 7 7 7 7 7 7
6 6 6 6 6 6 6
5 5 5 5 5 5 5
4 4 4 4 4 4 4

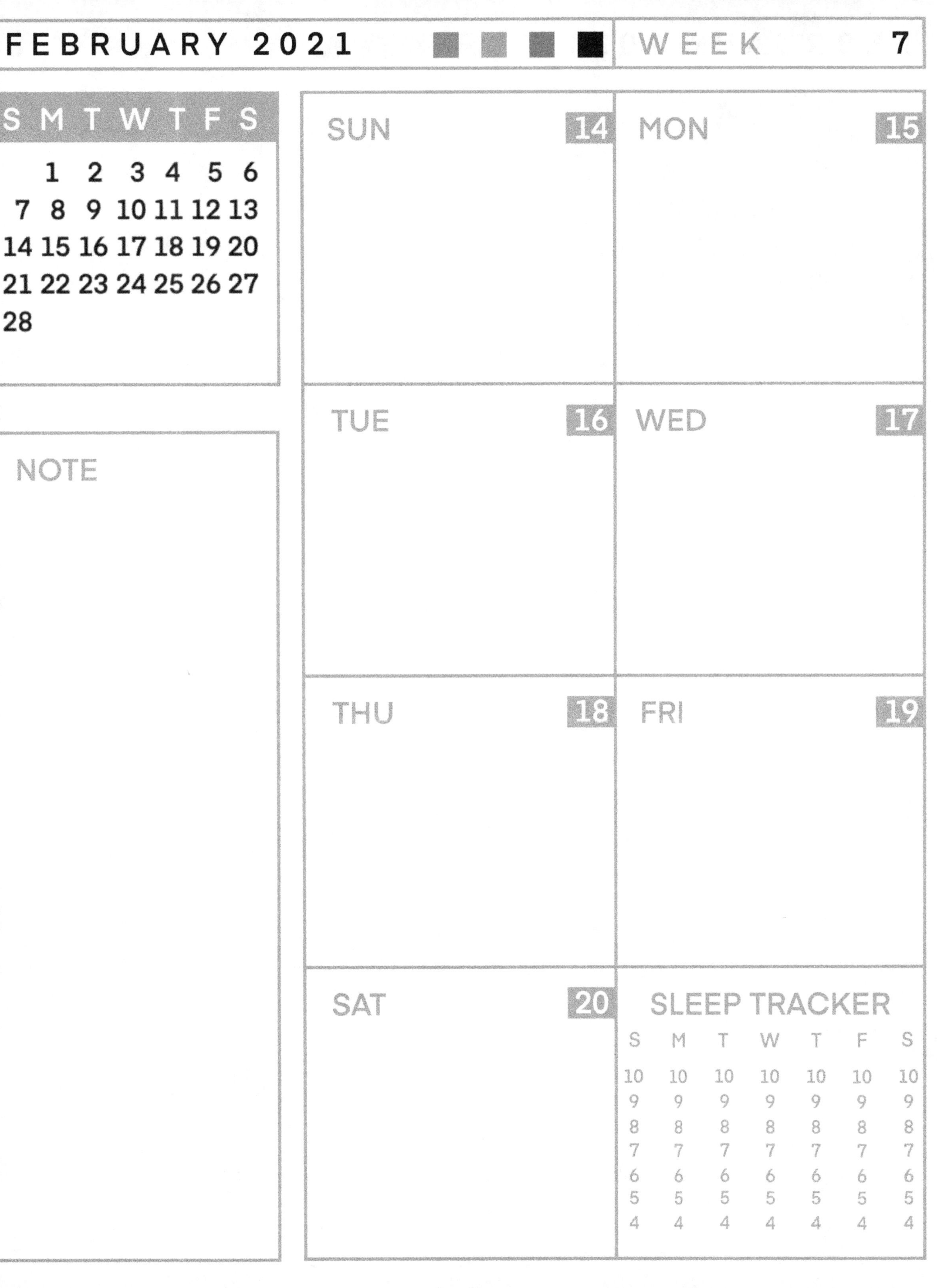

FEBRUARY 2021
WEEK 7

S M T W T F S
1 2 3 4 5 6
7 8 9 10 11 12 13
14 15 16 17 18 19 20
21 22 23 24 25 26 27
28

SUN 14
MON 15
TUE 16
WED 17
THU 18
FRI 19
SAT 20

NOTE

SLEEP TRACKER
S M T W T F S
10 10 10 10 10 10 10
9 9 9 9 9 9 9
8 8 8 8 8 8 8
7 7 7 7 7 7 7
6 6 6 6 6 6 6
5 5 5 5 5 5 5
4 4 4 4 4 4 4

FEBRUARY 2021
WEEK
8

S M T W T F S
1 2 3 4 5 6
7 8 9 10 11 12 13
14 15 16 17 18 19 20
21 22 23 24 25 26 27
28

NOTE

SUN 21
MON 22
TUE 23
WED 24
THU 25
FRI 26
SAT 27

SLEEP TRACKER
S M T W T F S
10 10 10 10 10 10 10
9 9 9 9 9 9 9
8 8 8 8 8 8 8
7 7 7 7 7 7 7
6 6 6 6 6 6 6
5 5 5 5 5 5 5
4 4 4 4 4 4 4

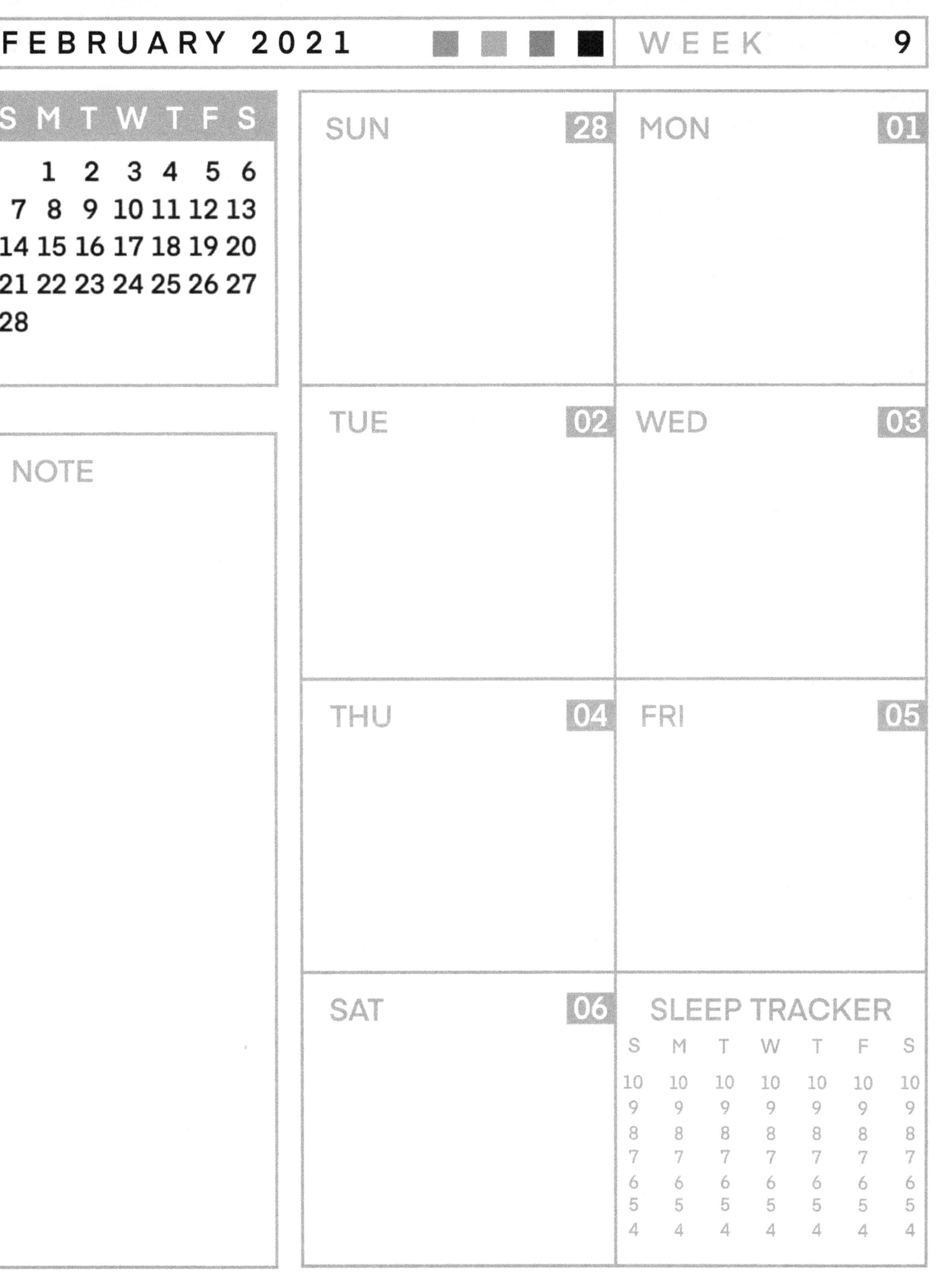

FEBRUARY 2021
WEEK 9
S M T W T F S
1 2 3 4 5 6
7 8 9 10 11 12 13
14 15 16 17 18 19 20
21 22 23 24 25 26 27
28
NOTE
SUN 28
MON 01
TUE 02
WED 03
THU 04
FRI 05
SAT 06
SLEEP TRACKER
S M T W T F S
10 10 10 10 10 10 10
9 9 9 9 9 9 9
8 8 8 8 8 8 8
7 7 7 7 7 7 7
6 6 6 6 6 6 6
5 5 5 5 5 5 5
4 4 4 4 4 4 4

MARCH 2021
WEEK 10

S M T W T F S
1 2 3 4 5 6
7 8 9 10 11 12 13
14 15 16 17 18 19 20
21 22 23 24 25 26 27
28 29 30 31

NOTE

SUN 07
MON 08
TUE 09
WED 10
THU 11
FRI 12
SAT 13

SLEEP TRACKER
S M T W T F S
10 10 10 10 10 10 10
9 9 9 9 9 9 9
8 8 8 8 8 8 8
7 7 7 7 7 7 7
6 6 6 6 6 6 6
5 5 5 5 5 5 5
4 4 4 4 4 4 4

MARCH 2021 ■ ■ ■ ■ | WEEK 11

S	M	T	W	T	F	S
	1	2	3	4	5	6
7	8	9	10	11	12	13
14	15	16	17	18	19	20
21	22	23	24	25	26	27
28	29	30	31			

NOTE

SUN 14	MON 15
TUE 16	WED 17
THU 18	FRI 19
SAT 20	SLEEP TRACKER

SLEEP TRACKER

S	M	T	W	T	F	S
10	10	10	10	10	10	10
9	9	9	9	9	9	9
8	8	8	8	8	8	8
7	7	7	7	7	7	7
6	6	6	6	6	6	6
5	5	5	5	5	5	5
4	4	4	4	4	4	4

MARCH 2021
WEEK 12
S M T W T F S
1 2 3 4 5 6
7 8 9 10 11 12 13
14 15 16 17 18 19 20
21 22 23 24 25 26 27
28 29 30 31
NOTE
SUN 21
MON 22
TUE 23
WED 24
THU 25
FRI 26
SAT 27
SLEEP TRACKER
S M T W T F S
10 10 10 10 10 10 10
9 9 9 9 9 9 9
8 8 8 8 8 8 8
7 7 7 7 7 7 7
6 6 6 6 6 6 6
5 5 5 5 5 5 5
4 4 4 4 4 4 4

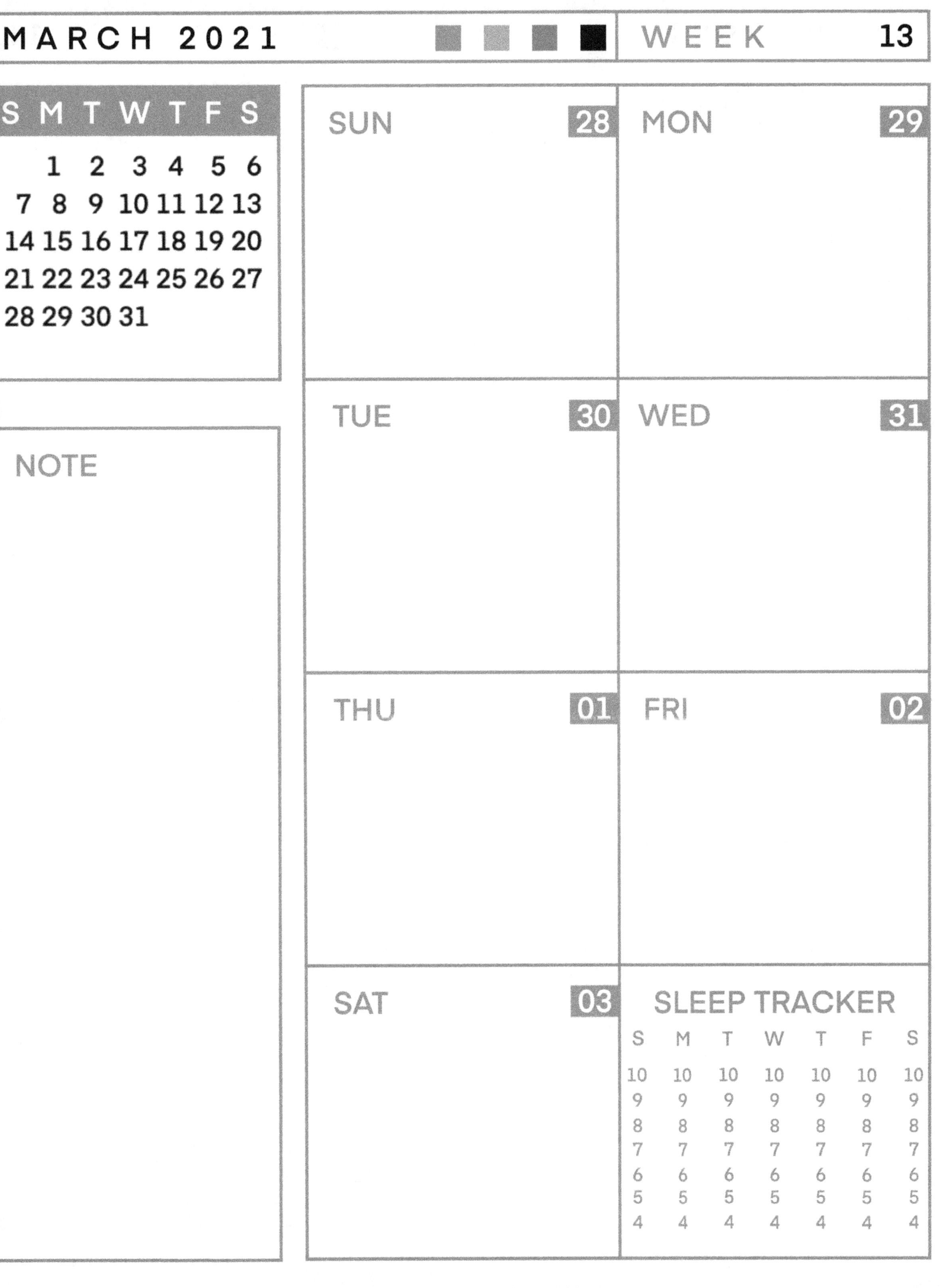

MARCH 2021
WEEK 13
S M T W T F S
1 2 3 4 5 6
7 8 9 10 11 12 13
14 15 16 17 18 19 20
21 22 23 24 25 26 27
28 29 30 31
NOTE
SUN 28
MON 29
TUE 30
WED 31
THU 01
FRI 02
SAT 03
SLEEP TRACKER
S M T W T F S
10 10 10 10 10 10 10
9 9 9 9 9 9 9
8 8 8 8 8 8 8
7 7 7 7 7 7 7
6 6 6 6 6 6 6
5 5 5 5 5 5 5
4 4 4 4 4 4 4

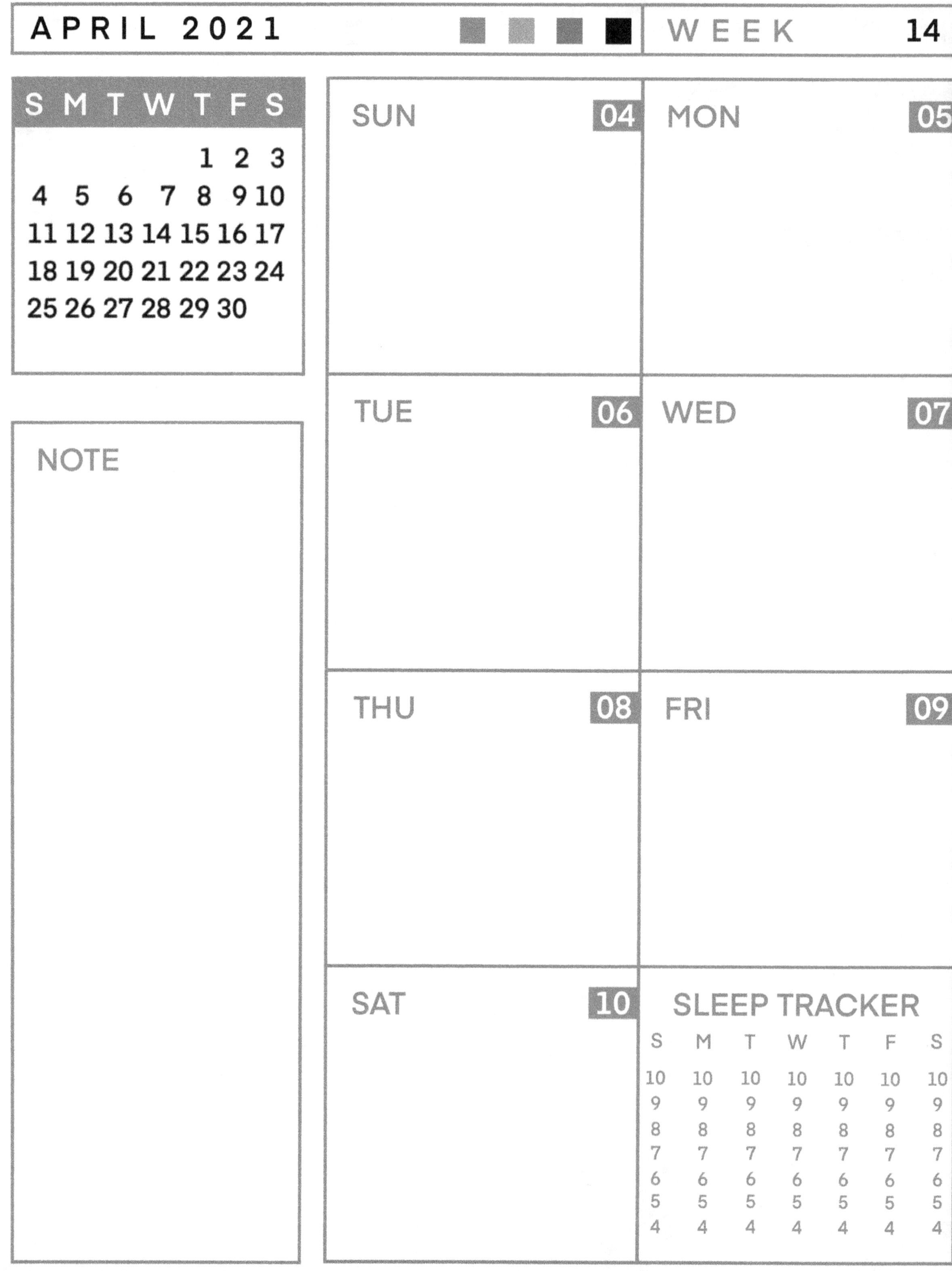

APRIL 2021
WEEK 14

S M T W T F S
1 2 3
4 5 6 7 8 9 10
11 12 13 14 15 16 17
18 19 20 21 22 23 24
25 26 27 28 29 30

NOTE

SUN 04
MON 05
TUE 06
WED 07
THU 08
FRI 09
SAT 10

SLEEP TRACKER
S M T W T F S
10 10 10 10 10 10 10
9 9 9 9 9 9 9
8 8 8 8 8 8 8
7 7 7 7 7 7 7
6 6 6 6 6 6 6
5 5 5 5 5 5 5
4 4 4 4 4 4 4

APRIL 2021
WEEK 15

S M T W T F S
1 2 3
4 5 6 7 8 9 10
11 12 13 14 15 16 17
18 19 20 21 22 23 24
25 26 27 28 29 30

NOTE

SUN 11
MON 12
TUE 13
WED 14
THU 15
FRI 16
SAT 17

SLEEP TRACKER
S M T W T F S
10 10 10 10 10 10 10
9 9 9 9 9 9 9
8 8 8 8 8 8 8
7 7 7 7 7 7 7
6 6 6 6 6 6 6
5 5 5 5 5 5 5
4 4 4 4 4 4 4

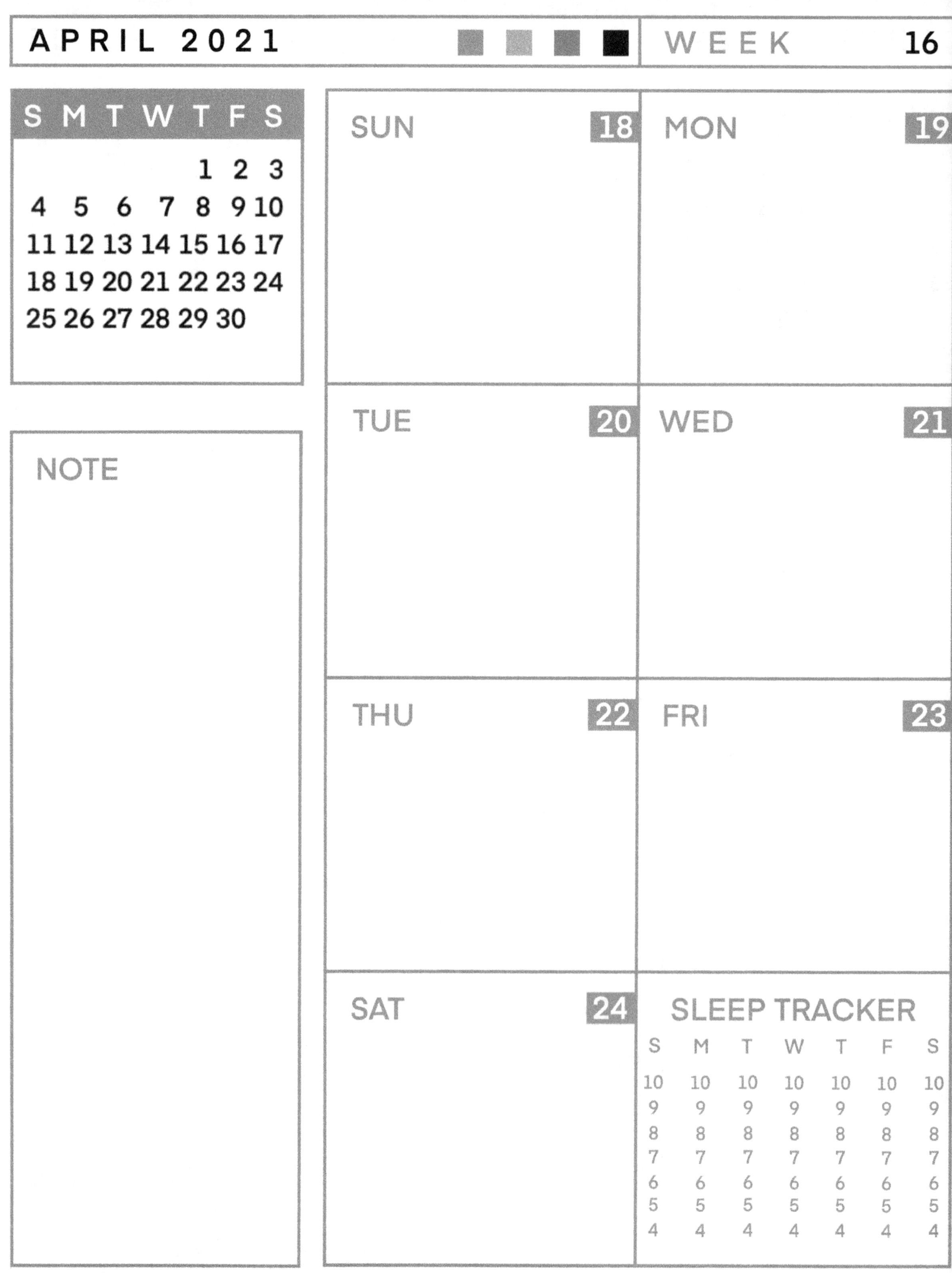

APRIL 2021
WEEK 16

S M T W T F S
1 2 3
4 5 6 7 8 9 10
11 12 13 14 15 16 17
18 19 20 21 22 23 24
25 26 27 28 29 30

NOTE

SUN 18
MON 19
TUE 20
WED 21
THU 22
FRI 23
SAT 24

SLEEP TRACKER
S M T W T F S
10 10 10 10 10 10 10
9 9 9 9 9 9 9
8 8 8 8 8 8 8
7 7 7 7 7 7 7
6 6 6 6 6 6 6
5 5 5 5 5 5 5
4 4 4 4 4 4 4

APRIL 2021
WEEK 17
S M T W T F S
1 2 3
4 5 6 7 8 9 10
11 12 13 14 15 16 17
18 19 20 21 22 23 24
25 26 27 28 29 30
NOTE
SUN 25
MON 26
TUE 27
WED 28
THU 29
FRI 30
SAT 01
SLEEP TRACKER
S M T W T F S
10 10 10 10 10 10 10
9 9 9 9 9 9 9
8 8 8 8 8 8 8
7 7 7 7 7 7 7
6 6 6 6 6 6 6
5 5 5 5 5 5 5
4 4 4 4 4 4 4

MAY 2021
WEEK 18

S M T W T F S
1
2 3 4 5 6 7 8
9 10 11 12 13 14 15
16 17 18 19 20 21 22
23 24 25 26 27 28 29
30 31

NOTE

SUN 02
MON 03
TUE 04
WED 05
THU 06
FRI 07
SAT 08

SLEEP TRACKER
S M T W T F S
10 10 10 10 10 10 10
9 9 9 9 9 9 9
8 8 8 8 8 8 8
7 7 7 7 7 7 7
6 6 6 6 6 6 6
5 5 5 5 5 5 5
4 4 4 4 4 4 4

MAY 2021 | WEEK 19

S	M	T	W	T	F	S
						1
2	3	4	5	6	7	8
9	10	11	12	13	14	15
16	17	18	19	20	21	22
23	24	25	26	27	28	29
30	31					

NOTE

SUN 09

MON 10

TUE 11

WED 12

THU 13

FRI 14

SAT 15

SLEEP TRACKER

S	M	T	W	T	F	S
10	10	10	10	10	10	10
9	9	9	9	9	9	9
8	8	8	8	8	8	8
7	7	7	7	7	7	7
6	6	6	6	6	6	6
5	5	5	5	5	5	5
4	4	4	4	4	4	4

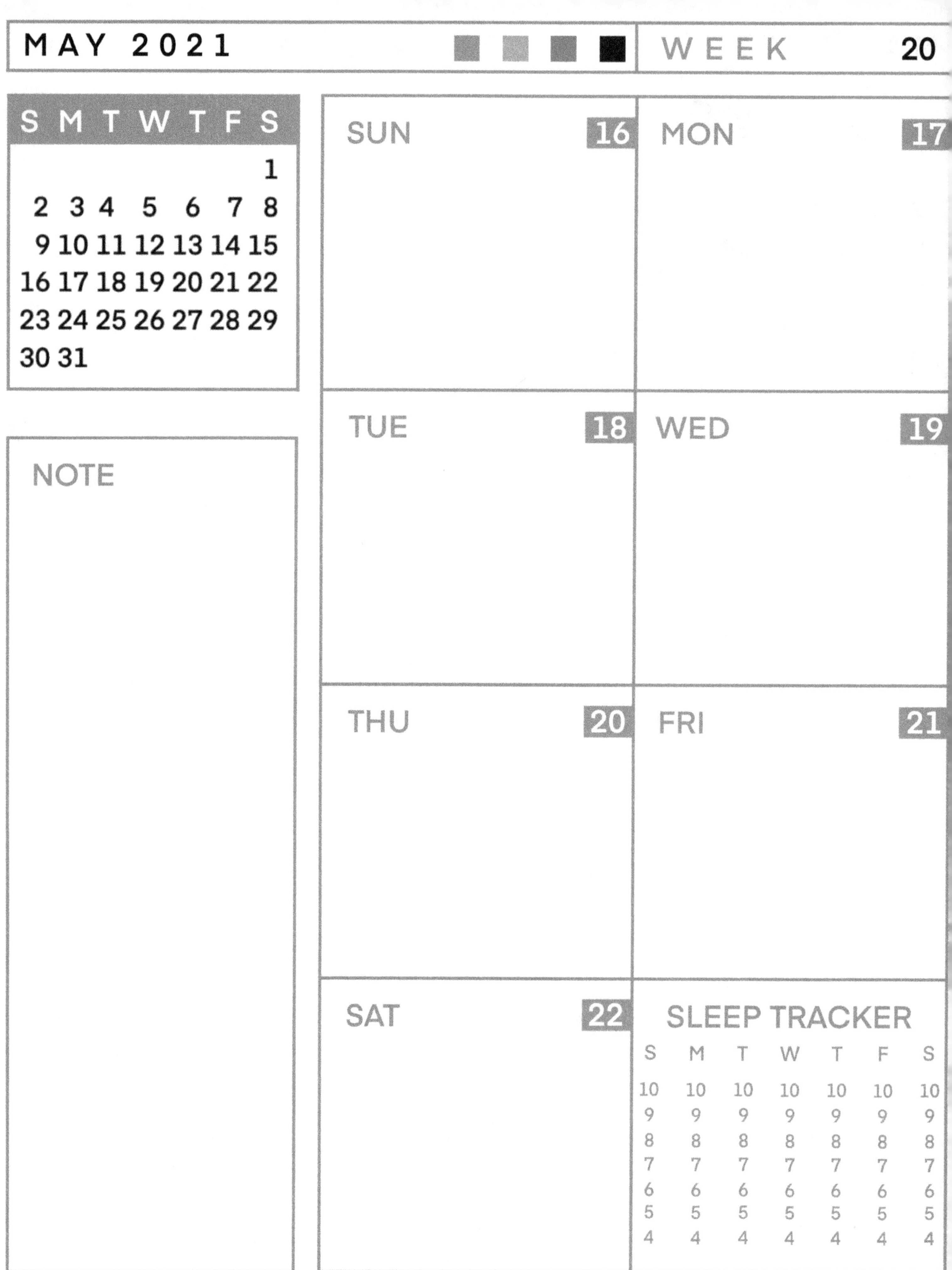

MAY 2021
WEEK 20
S M T W T F S
1
2 3 4 5 6 7 8
9 10 11 12 13 14 15
16 17 18 19 20 21 22
23 24 25 26 27 28 29
30 31
NOTE
SUN 16
MON 17
TUE 18
WED 19
THU 20
FRI 21
SAT 22
SLEEP TRACKER
S M T W T F S
10 10 10 10 10 10 10
9 9 9 9 9 9 9
8 8 8 8 8 8 8
7 7 7 7 7 7 7
6 6 6 6 6 6 6
5 5 5 5 5 5 5
4 4 4 4 4 4 4

S	M	T	W	T	F	S
						1
2	3	4	5	6	7	8
9	10	11	12	13	14	15
16	17	18	19	20	21	22
23	24	25	26	27	28	29
30	31					

NOTE

SUN 23

MON 24

TUE 25

WED 26

THU 27

FRI 28

SAT 29

SLEEP TRACKER

S	M	T	W	T	F	S
10	10	10	10	10	10	10
9	9	9	9	9	9	9
8	8	8	8	8	8	8
7	7	7	7	7	7	7
6	6	6	6	6	6	6
5	5	5	5	5	5	5
4	4	4	4	4	4	4

MAY 2021
WEEK 22

S M T W T F S
1
2 3 4 5 6 7 8
9 10 11 12 13 14 15
16 17 18 19 20 21 22
23 24 25 26 27 28 29
30 31

NOTE

SUN 30
MON 31
TUE 01
WED 02
THU 03
FRI 04
SAT 05

SLEEP TRACKER
S M T W T F S
10 10 10 10 10 10 10
9 9 9 9 9 9 9
8 8 8 8 8 8 8
7 7 7 7 7 7 7
6 6 6 6 6 6 6
5 5 5 5 5 5 5
4 4 4 4 4 4 4

JUNE 2021
WEEK 23
S M T W T F S
1 2 3 4 5
6 7 8 9 10 11 12
13 14 15 16 17 18 19
20 21 22 23 24 25 26
27 28 29 30
NOTE
SUN 06
MON 07
TUE 08
WED 09
THU 10
FRI 11
SAT 12
SLEEP TRACKER
S M T W T F S
10 10 10 10 10 10 10
9 9 9 9 9 9 9
8 8 8 8 8 8 8
7 7 7 7 7 7 7
6 6 6 6 6 6 6
5 5 5 5 5 5 5
4 4 4 4 4 4 4

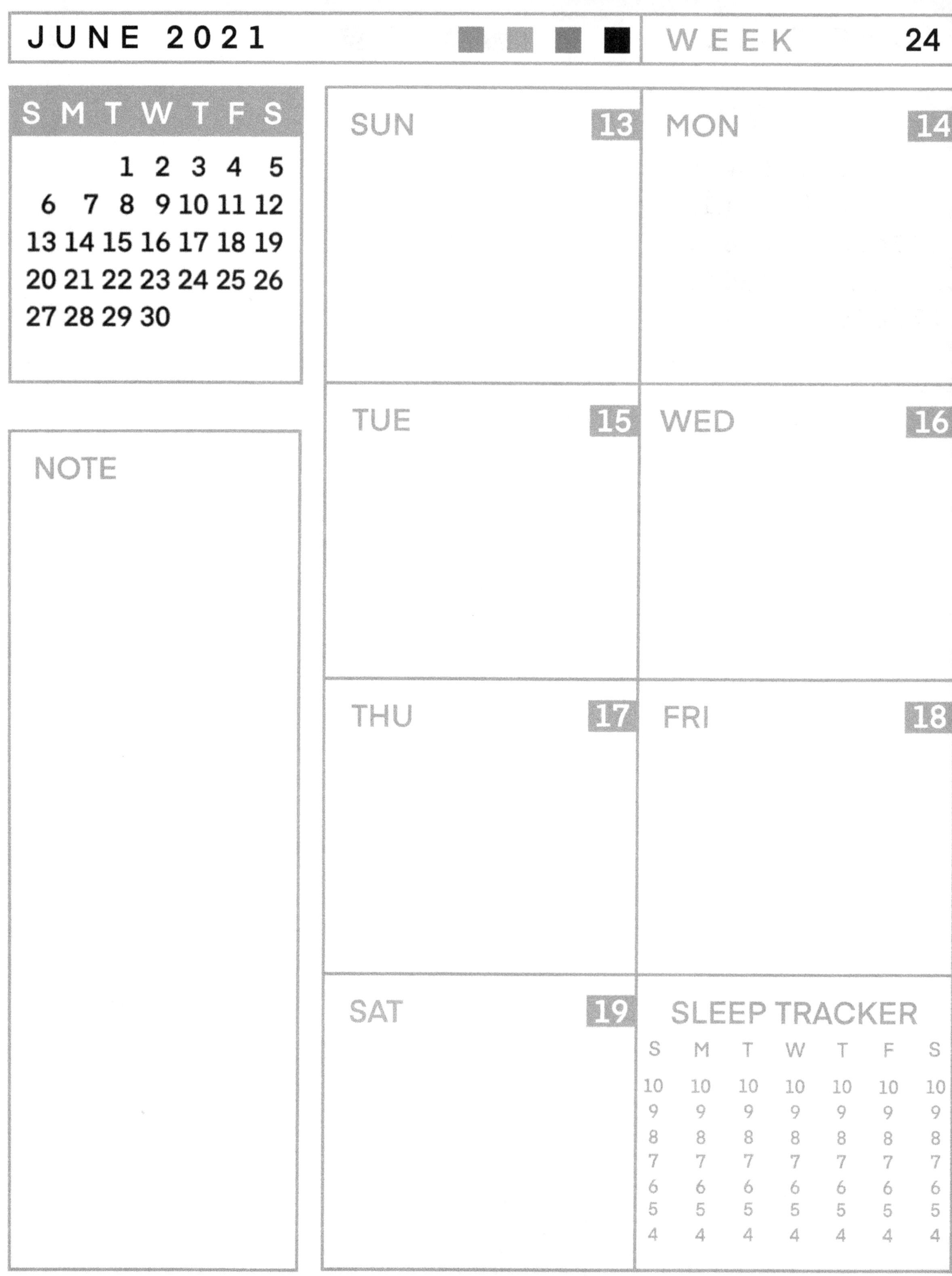
S M T W T F S
1 2 3 4 5
6 7 8 9 10 11 12
13 14 15 16 17 18 19
20 21 22 23 24 25 26
27 28 29 30

NOTE

SUN 13
MON 14
TUE 15
WED 16
THU 17
FRI 18
SAT 19

SLEEP TRACKER
S M T W T F S
10 10 10 10 10 10 10
9 9 9 9 9 9 9
8 8 8 8 8 8 8
7 7 7 7 7 7 7
6 6 6 6 6 6 6
5 5 5 5 5 5 5
4 4 4 4 4 4 4

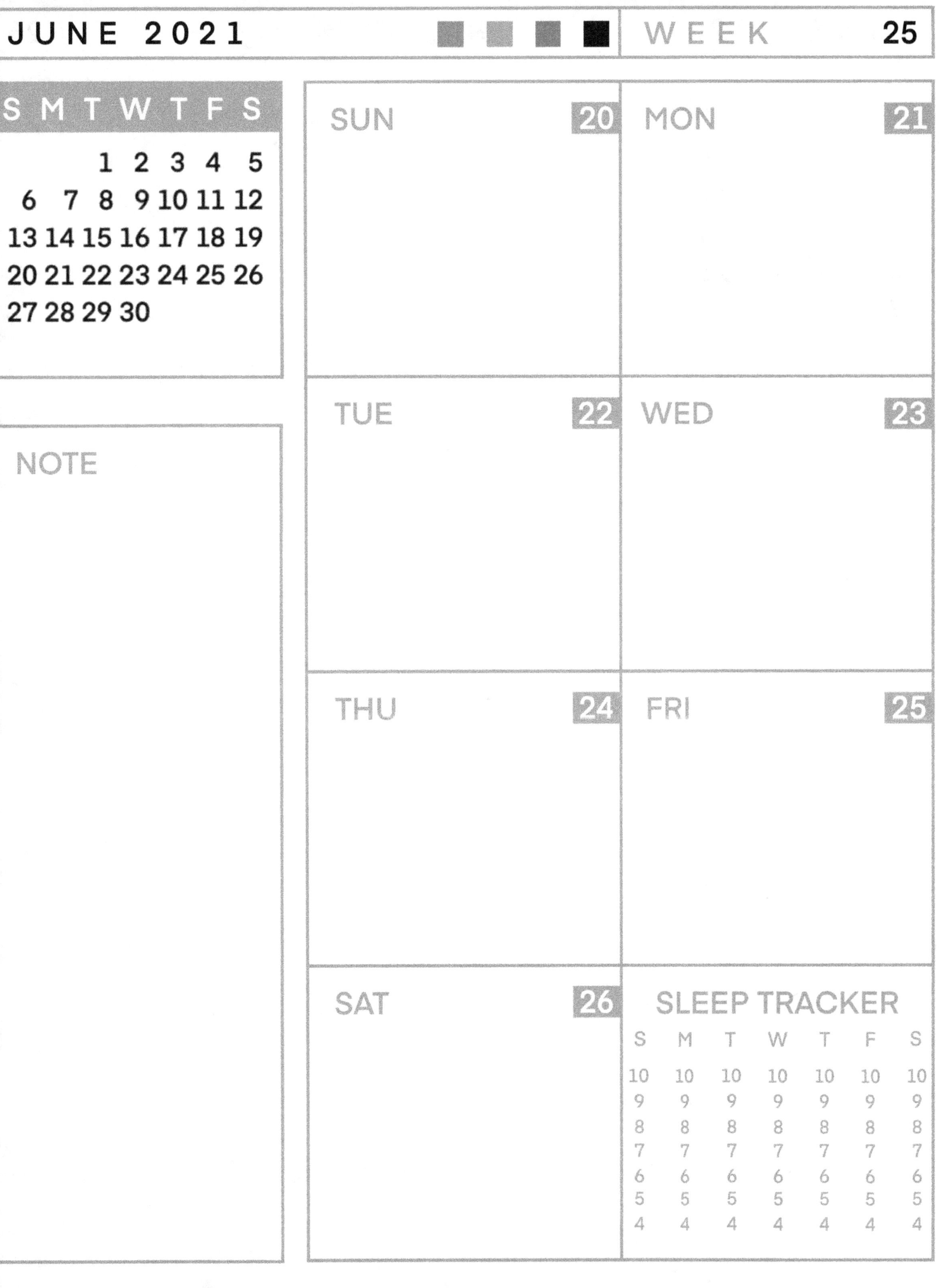

JUNE 2021
WEEK 25

S M T W T F S
1 2 3 4 5
6 7 8 9 10 11 12
13 14 15 16 17 18 19
20 21 22 23 24 25 26
27 28 29 30

NOTE

SUN 20
MON 21
TUE 22
WED 23
THU 24
FRI 25
SAT 26

SLEEP TRACKER
S M T W T F S
10 10 10 10 10 10 10
9 9 9 9 9 9 9
8 8 8 8 8 8 8
7 7 7 7 7 7 7
6 6 6 6 6 6 6
5 5 5 5 5 5 5
4 4 4 4 4 4 4

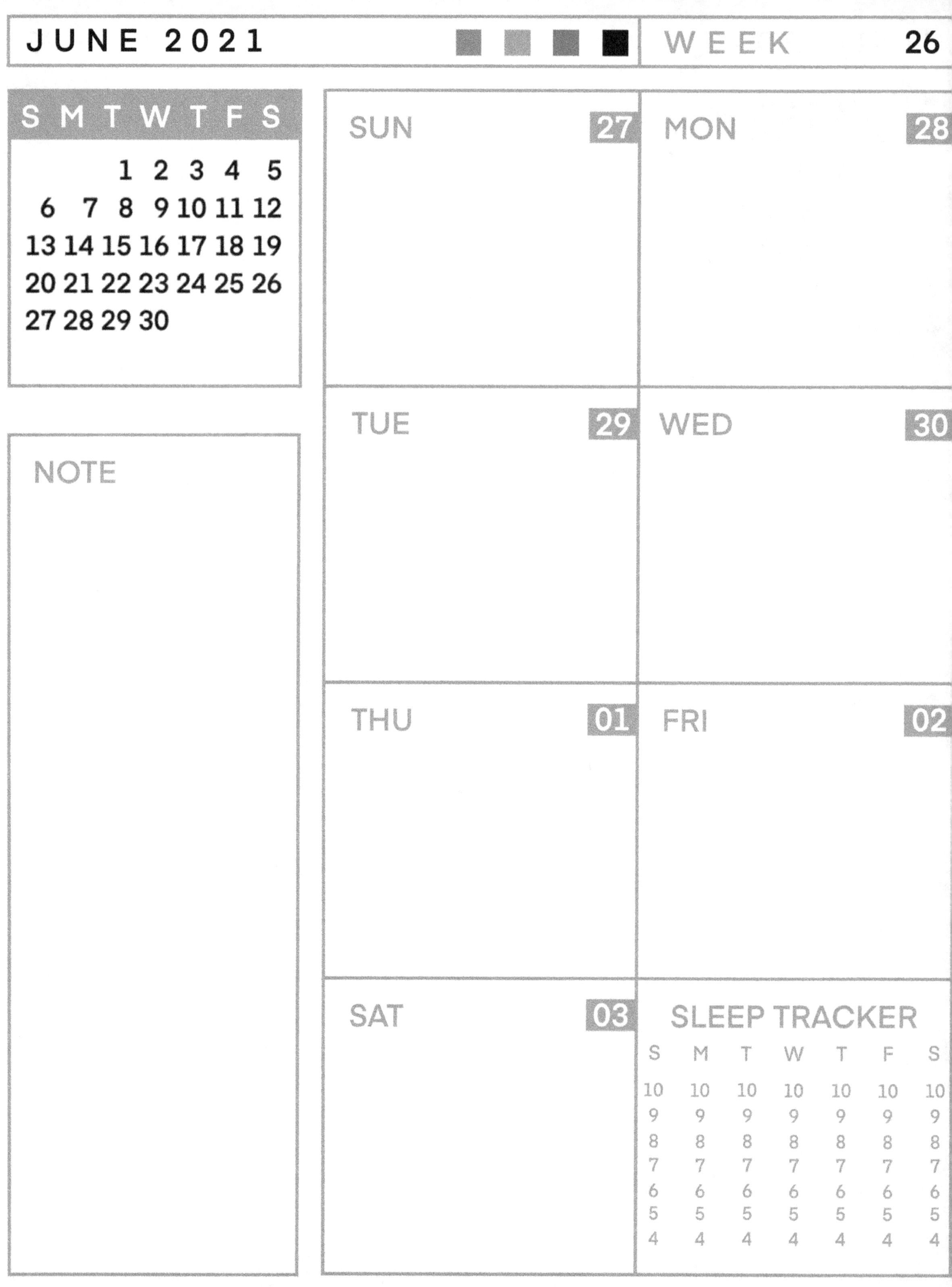

JUNE 2021
WEEK 26

S M T W T F S
1 2 3 4 5
6 7 8 9 10 11 12
13 14 15 16 17 18 19
20 21 22 23 24 25 26
27 28 29 30

NOTE

SUN 27
MON 28
TUE 29
WED 30
THU 01
FRI 02
SAT 03

SLEEP TRACKER
S M T W T F S
10 10 10 10 10 10 10
9 9 9 9 9 9 9
8 8 8 8 8 8 8
7 7 7 7 7 7 7
6 6 6 6 6 6 6
5 5 5 5 5 5 5
4 4 4 4 4 4 4

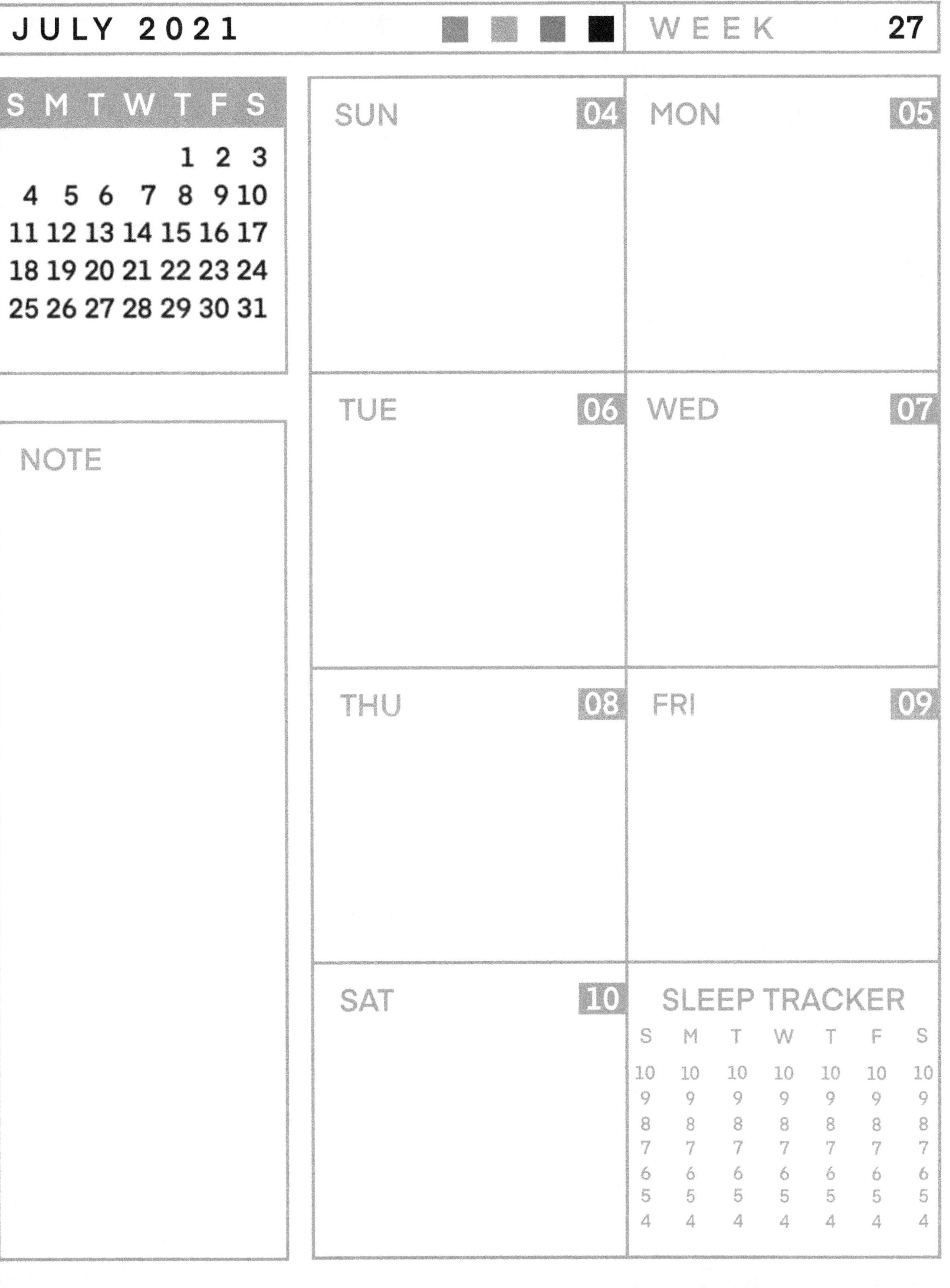

JULY 2021
WEEK 27
S M T W T F S
1 2 3
4 5 6 7 8 9 10
11 12 13 14 15 16 17
18 19 20 21 22 23 24
25 26 27 28 29 30 31
NOTE
SUN 04
MON 05
TUE 06
WED 07
THU 08
FRI 09
SAT 10
SLEEP TRACKER
S M T W T F S
10 10 10 10 10 10 10
9 9 9 9 9 9 9
8 8 8 8 8 8 8
7 7 7 7 7 7 7
6 6 6 6 6 6 6
5 5 5 5 5 5 5
4 4 4 4 4 4 4

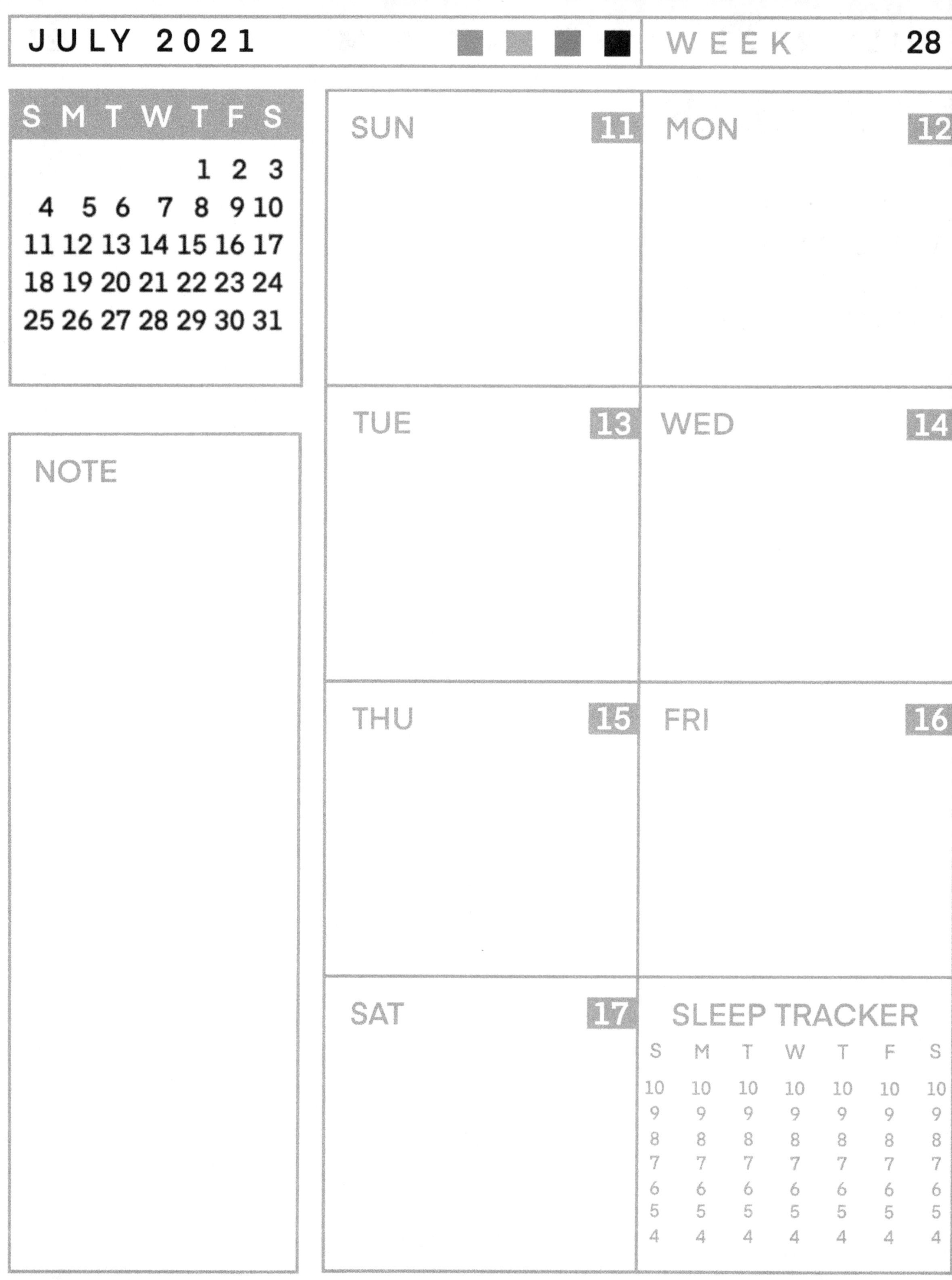

JULY 2021
WEEK 28
S M T W T F S
1 2 3
4 5 6 7 8 9 10
11 12 13 14 15 16 17
18 19 20 21 22 23 24
25 26 27 28 29 30 31
NOTE
SUN 11
MON 12
TUE 13
WED 14
THU 15
FRI 16
SAT 17
SLEEP TRACKER
S M T W T F S
10 10 10 10 10 10 10
9 9 9 9 9 9 9
8 8 8 8 8 8 8
7 7 7 7 7 7 7
6 6 6 6 6 6 6
5 5 5 5 5 5 5
4 4 4 4 4 4 4

JULY 2021

S	M	T	W	T	F	S
				1	2	3
4	5	6	7	8	9	10
11	12	13	14	15	16	17
18	19	20	21	22	23	24
25	26	27	28	29	30	31

NOTE

SUN 18	MON 19
TUE 20	WED 21
THU 22	FRI 23
SAT 24	SLEEP TRACKER

SLEEP TRACKER

S	M	T	W	T	F	S
10	10	10	10	10	10	10
9	9	9	9	9	9	9
8	8	8	8	8	8	8
7	7	7	7	7	7	7
6	6	6	6	6	6	6
5	5	5	5	5	5	5
4	4	4	4	4	4	4

JULY 2021

S	M	T	W	T	F	S
				1	2	3
4	5	6	7	8	9	10
11	12	13	14	15	16	17
18	19	20	21	22	23	24
25	26	27	28	29	30	31

NOTE

SUN 25	MON 26
TUE 27	WED 28
THU 29	FRI 30
SAT 31	SLEEP TRACKER

SLEEP TRACKER

S	M	T	W	T	F	S
10	10	10	10	10	10	10
9	9	9	9	9	9	9
8	8	8	8	8	8	8
7	7	7	7	7	7	7
6	6	6	6	6	6	6
5	5	5	5	5	5	5
4	4	4	4	4	4	4

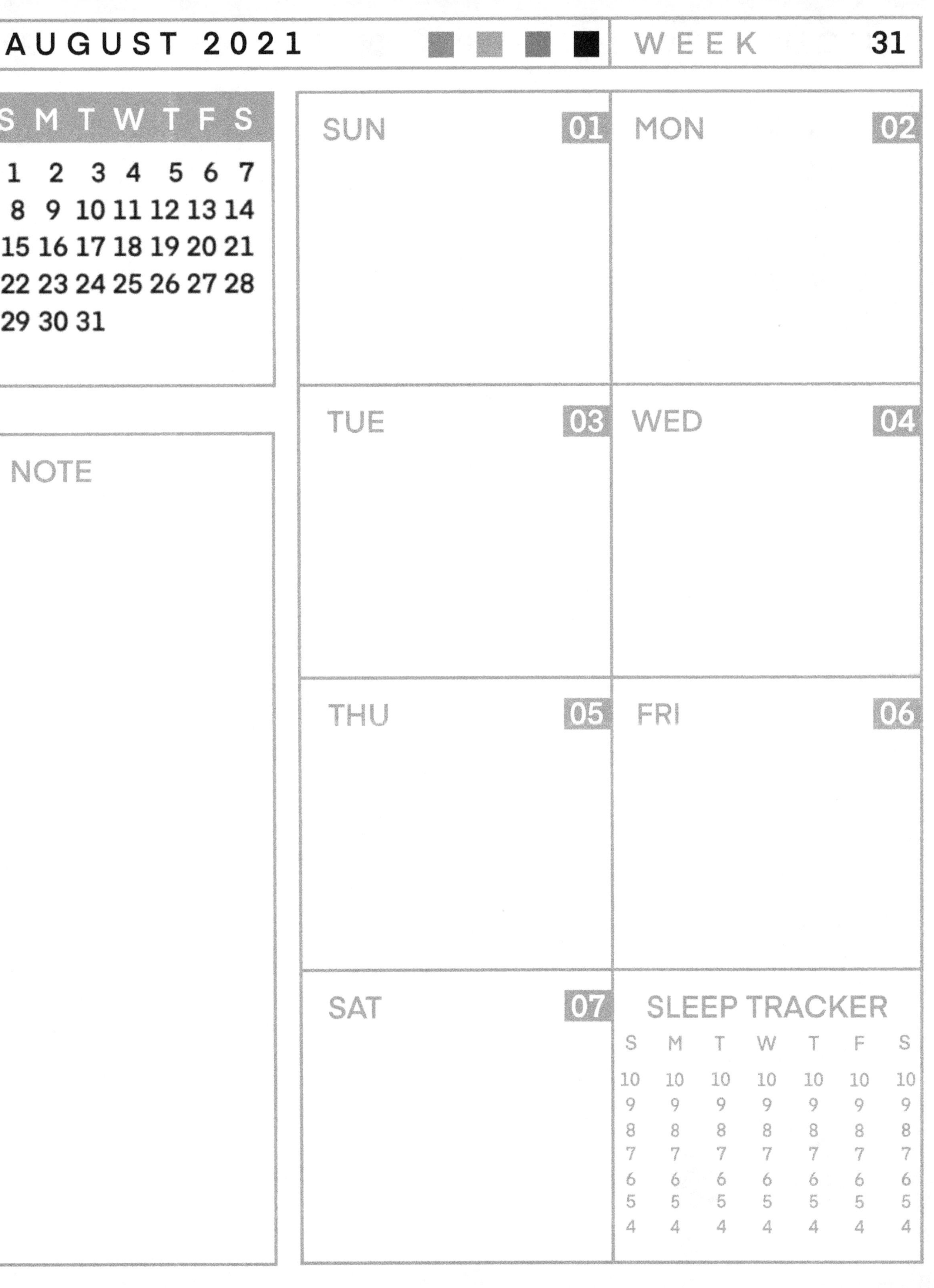
AUGUST 2021
WEEK 31

S M T W T F S
1 2 3 4 5 6 7
8 9 10 11 12 13 14
15 16 17 18 19 20 21
22 23 24 25 26 27 28
29 30 31

NOTE

SUN 01
MON 02
TUE 03
WED 04
THU 05
FRI 06
SAT 07

SLEEP TRACKER
S M T W T F S
10 10 10 10 10 10 10
9 9 9 9 9 9 9
8 8 8 8 8 8 8
7 7 7 7 7 7 7
6 6 6 6 6 6 6
5 5 5 5 5 5 5
4 4 4 4 4 4 4

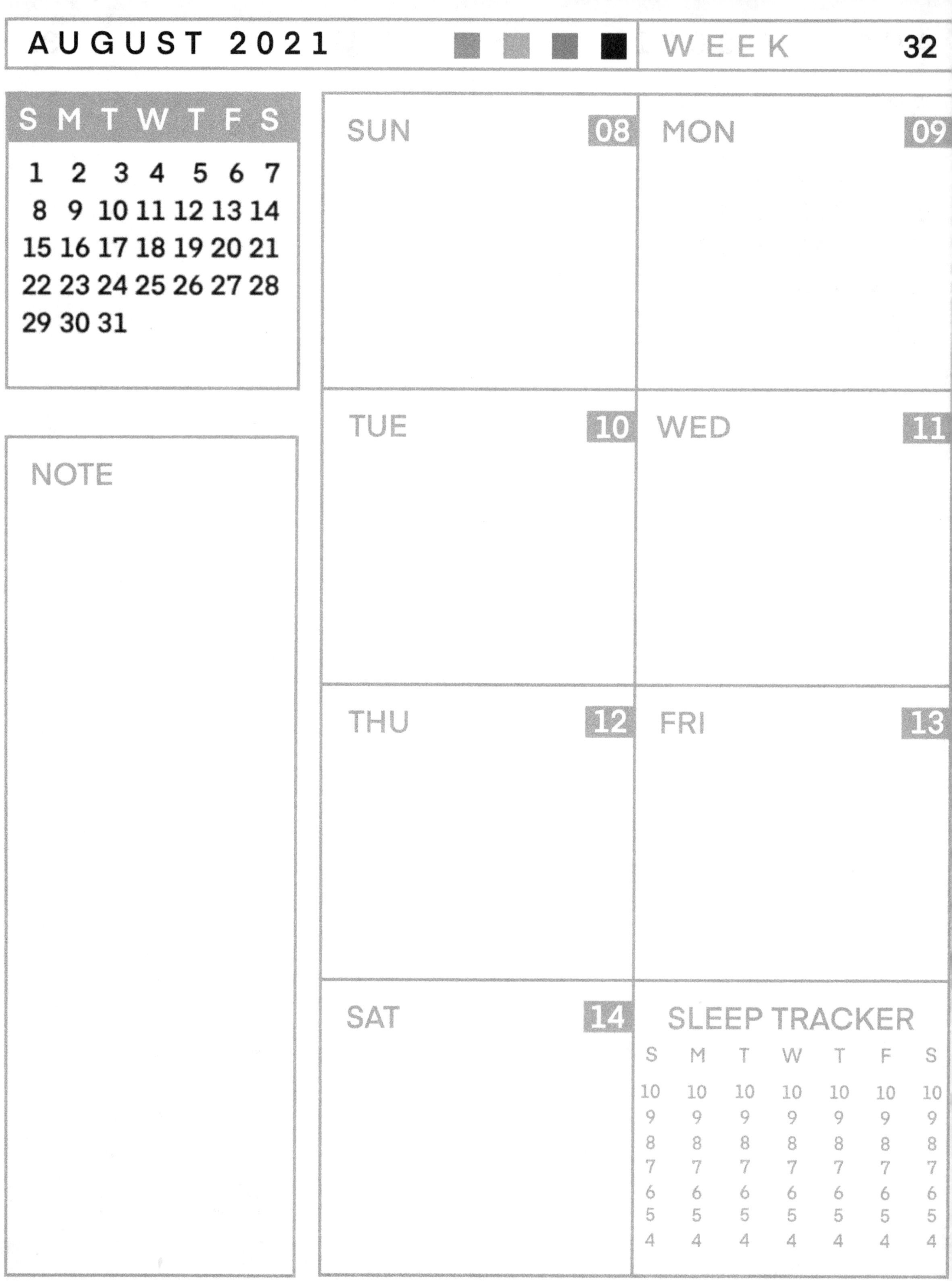
S M T W T F S
1 2 3 4 5 6 7
8 9 10 11 12 13 14
15 16 17 18 19 20 21
22 23 24 25 26 27 28
29 30 31

NOTE

SUN 08
MON 09
TUE 10
WED 11
THU 12
FRI 13
SAT 14

SLEEP TRACKER
S M T W T F S
10 10 10 10 10 10 10
9 9 9 9 9 9 9
8 8 8 8 8 8 8
7 7 7 7 7 7 7
6 6 6 6 6 6 6
5 5 5 5 5 5 5
4 4 4 4 4 4 4

S	M	T	W	T	F	S
1	2	3	4	5	6	7
8	9	10	11	12	13	14
15	16	17	18	19	20	21
22	23	24	25	26	27	28
29	30	31				

NOTE

SUN 15

MON 16

TUE 17

WED 18

THU 19

FRI 20

SAT 21

SLEEP TRACKER

S	M	T	W	T	F	S
10	10	10	10	10	10	10
9	9	9	9	9	9	9
8	8	8	8	8	8	8
7	7	7	7	7	7	7
6	6	6	6	6	6	6
5	5	5	5	5	5	5
4	4	4	4	4	4	4

S	M	T	W	T	F	S
1	2	3	4	5	6	7
8	9	10	11	12	13	14
15	16	17	18	19	20	21
22	23	24	25	26	27	28
29	30	31				

NOTE

SUN 22

MON 23

TUE 24

WED 25

THU 26

FRI 27

SAT 28

SLEEP TRACKER

S	M	T	W	T	F	S
10	10	10	10	10	10	10
9	9	9	9	9	9	9
8	8	8	8	8	8	8
7	7	7	7	7	7	7
6	6	6	6	6	6	6
5	5	5	5	5	5	5
4	4	4	4	4	4	4

AUGUST 2021

WEEK 40

S	M	T	W	T	F	S
1	2	3	4	5	6	7
8	9	10	11	12	13	14
15	16	17	18	19	20	21
22	23	24	25	26	27	28
29	30	31				

NOTE

SUN 29

MON 30

TUE 31

WED 01

THU 02

FRI 03

SAT 04

SLEEP TRACKER

S	M	T	W	T	F	S
10	10	10	10	10	10	10
9	9	9	9	9	9	9
8	8	8	8	8	8	8
7	7	7	7	7	7	7
6	6	6	6	6	6	6
5	5	5	5	5	5	5
4	4	4	4	4	4	4

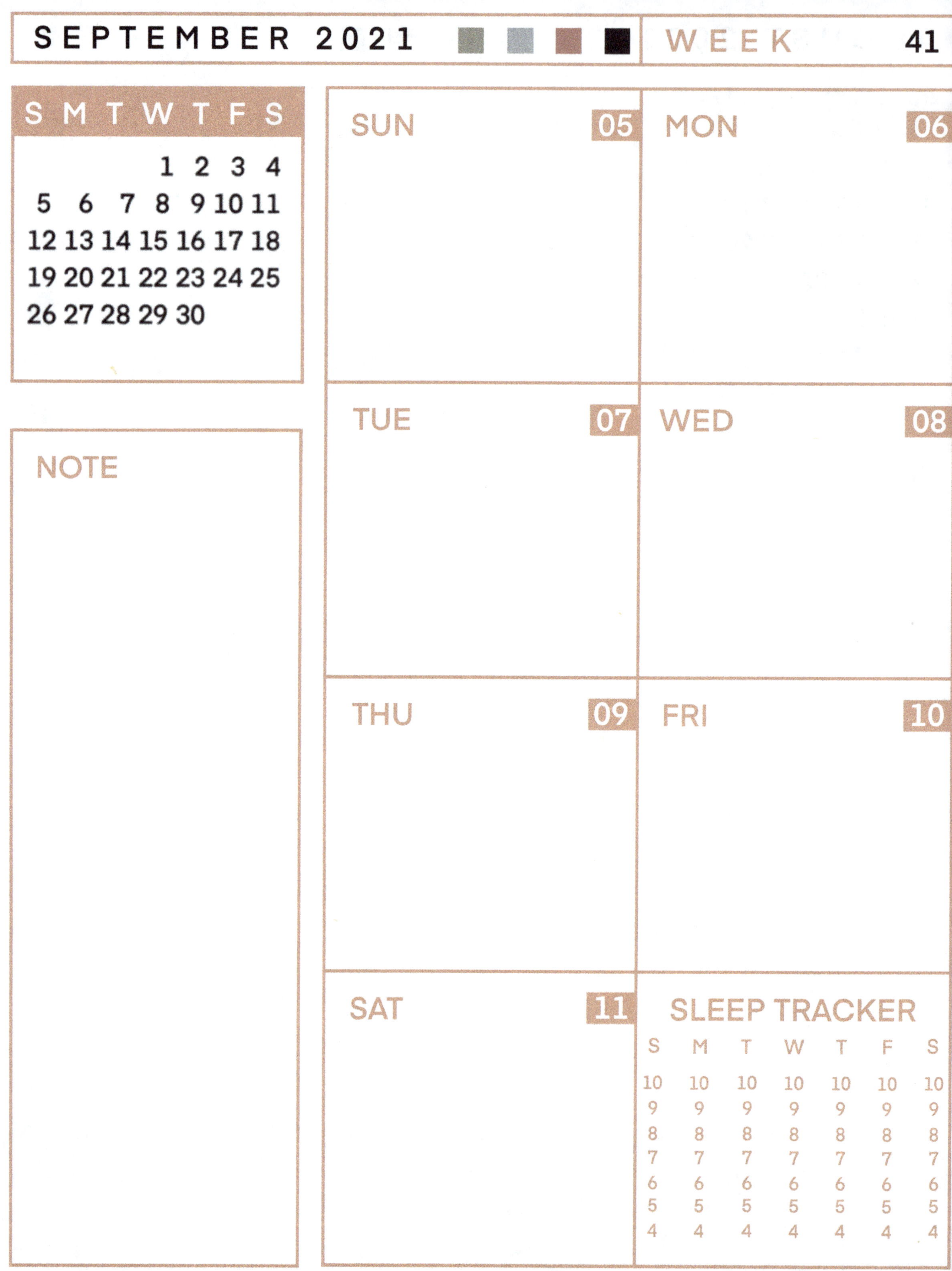

S	M	T	W	T	F	S
			1	2	3	4
5	6	7	8	9	10	11
12	13	14	15	16	17	18
19	20	21	22	23	24	25
26	27	28	29	30		

NOTE

SUN 05

MON 06

TUE 07

WED 08

THU 09

FRI 10

SAT 11

SLEEP TRACKER

S	M	T	W	T	F	S
10	10	10	10	10	10	10
9	9	9	9	9	9	9
8	8	8	8	8	8	8
7	7	7	7	7	7	7
6	6	6	6	6	6	6
5	5	5	5	5	5	5
4	4	4	4	4	4	4

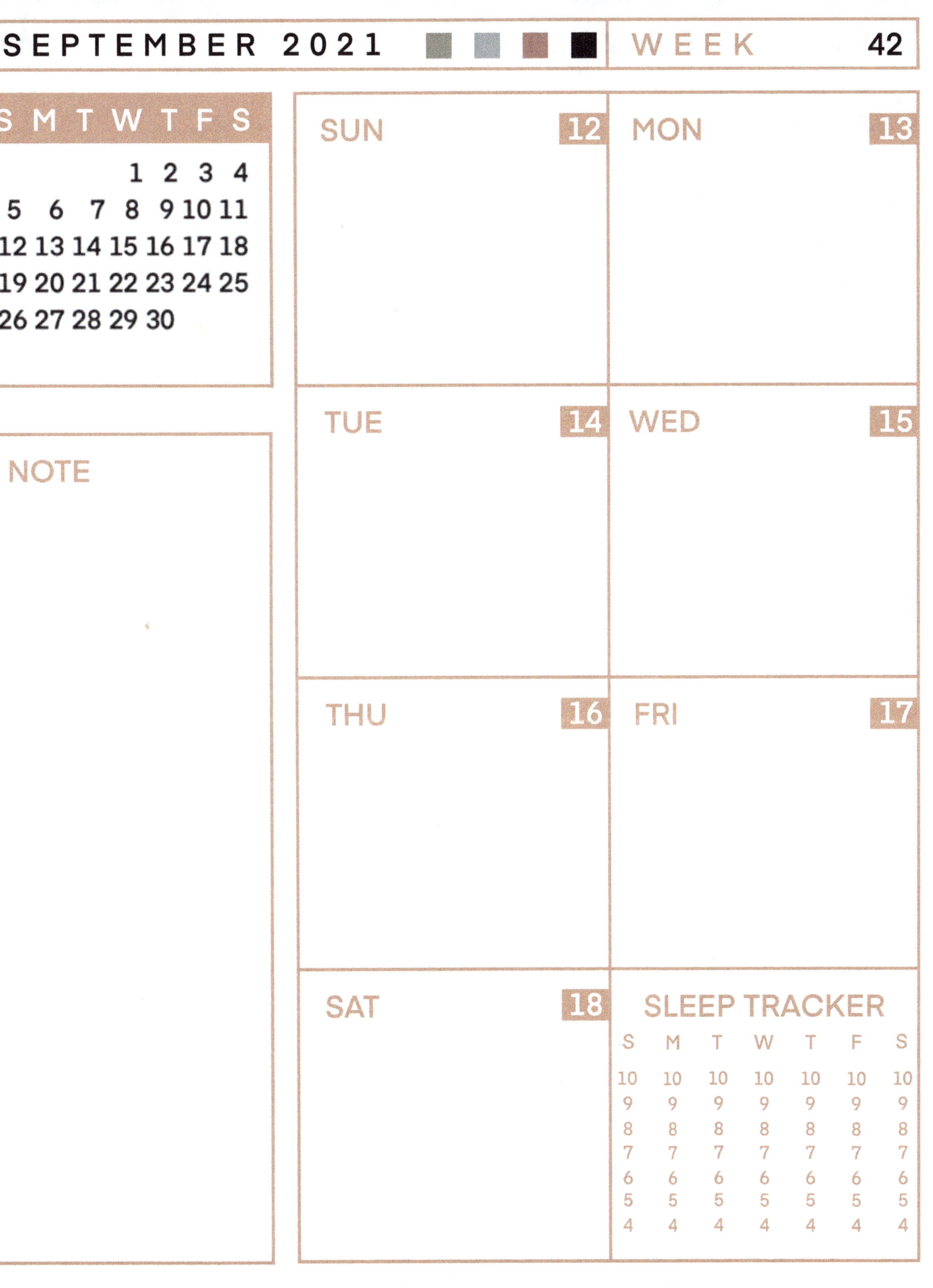

SEPTEMBER 2021
WEEK 42

S M T W T F S
1 2 3 4
5 6 7 8 9 10 11
12 13 14 15 16 17 18
19 20 21 22 23 24 25
26 27 28 29 30

NOTE

SUN 12
MON 13
TUE 14
WED 15
THU 16
FRI 17
SAT 18

SLEEP TRACKER
S M T W T F S
10 10 10 10 10 10 10
9 9 9 9 9 9 9
8 8 8 8 8 8 8
7 7 7 7 7 7 7
6 6 6 6 6 6 6
5 5 5 5 5 5 5
4 4 4 4 4 4 4

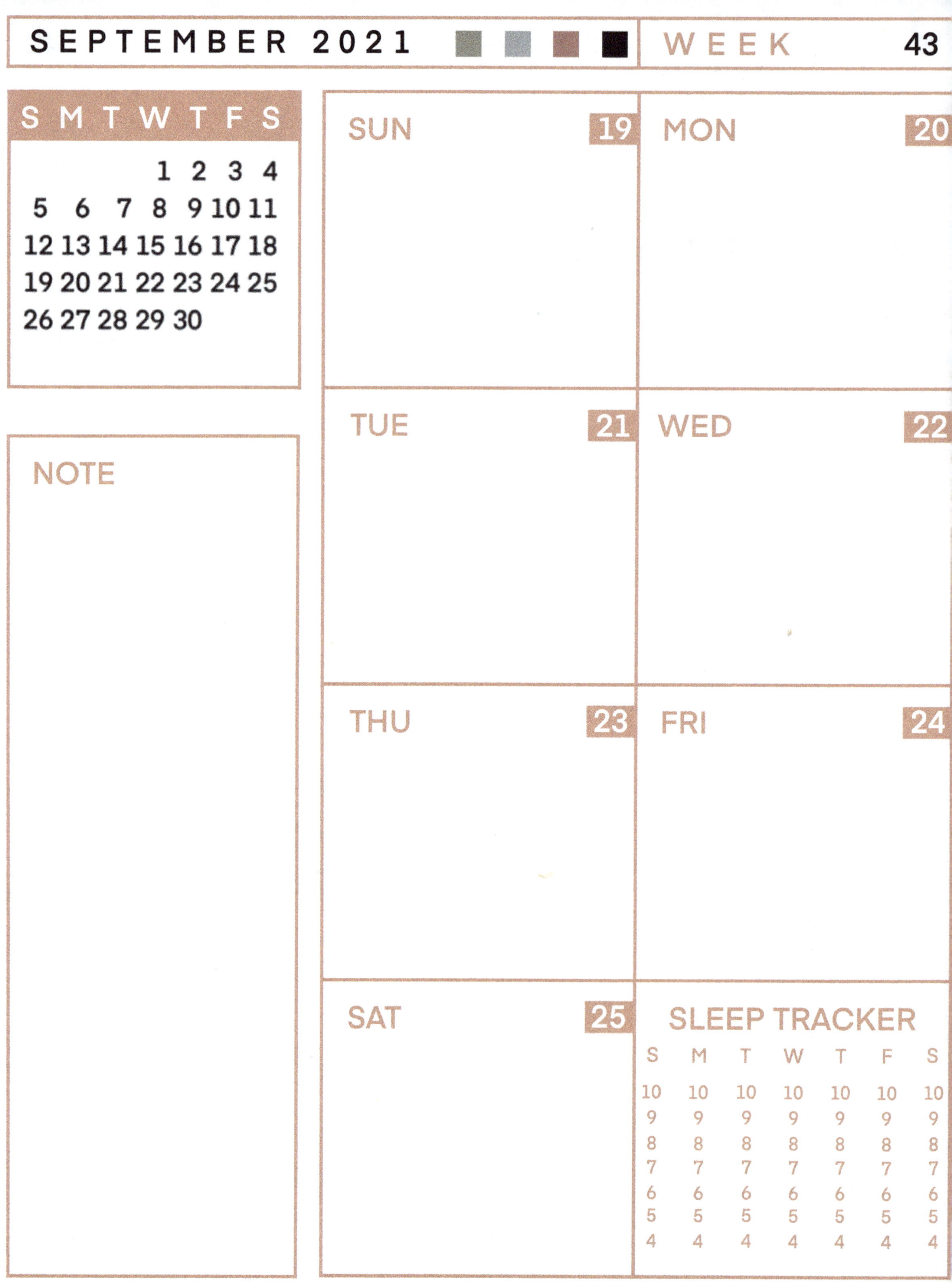
S M T W T F S
1 2 3 4
5 6 7 8 9 10 11
12 13 14 15 16 17 18
19 20 21 22 23 24 25
26 27 28 29 30

NOTE

SUN 19
MON 20
TUE 21
WED 22
THU 23
FRI 24
SAT 25

SLEEP TRACKER
S M T W T F S
10 10 10 10 10 10 10
9 9 9 9 9 9 9
8 8 8 8 8 8 8
7 7 7 7 7 7 7
6 6 6 6 6 6 6
5 5 5 5 5 5 5
4 4 4 4 4 4 4

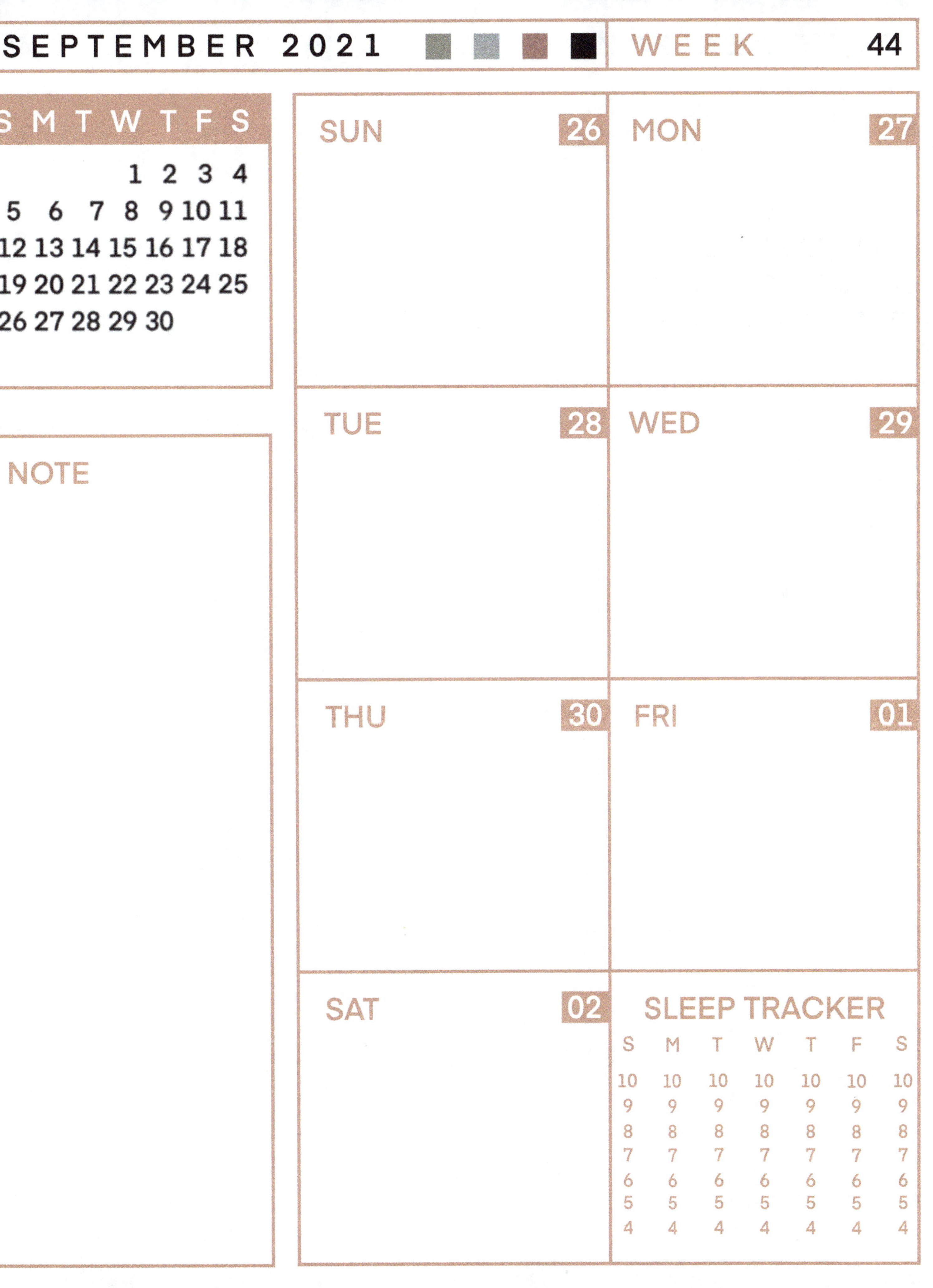

SEPTEMBER 2021
WEEK 44

S M T W T F S
1 2 3 4
5 6 7 8 9 10 11
12 13 14 15 16 17 18
19 20 21 22 23 24 25
26 27 28 29 30

NOTE

SUN 26
MON 27
TUE 28
WED 29
THU 30
FRI 01
SAT 02

SLEEP TRACKER
S M T W T F S
10 10 10 10 10 10 10
9 9 9 9 9 9 9
8 8 8 8 8 8 8
7 7 7 7 7 7 7
6 6 6 6 6 6 6
5 5 5 5 5 5 5
4 4 4 4 4 4 4

OCTOBER 2021

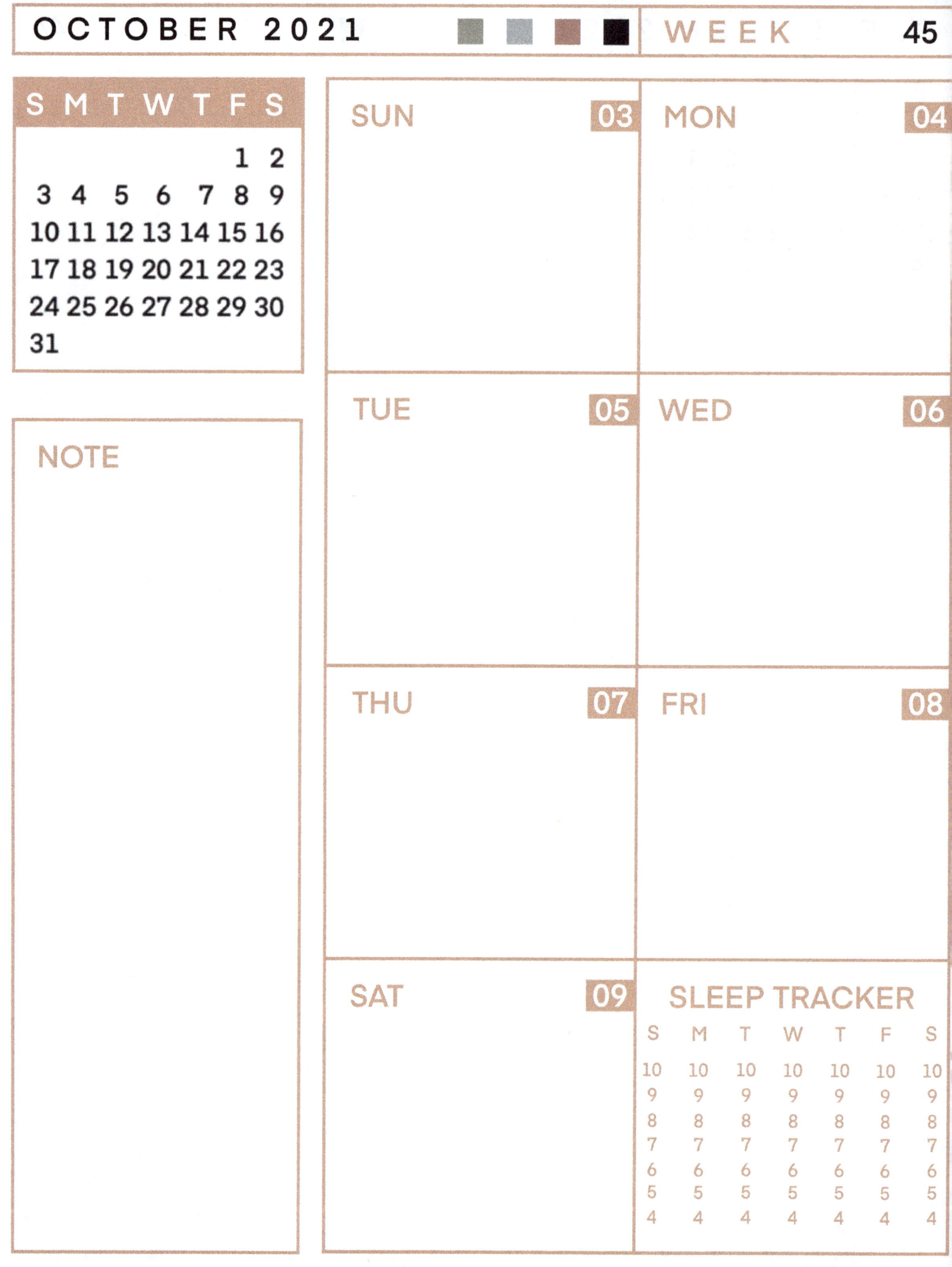

WEEK 45

S	M	T	W	T	F	S
					1	2
3	4	5	6	7	8	9
10	11	12	13	14	15	16
17	18	19	20	21	22	23
24	25	26	27	28	29	30
31						

NOTE

SUN 03

MON 04

TUE 05

WED 06

THU 07

FRI 08

SAT 09

SLEEP TRACKER

S	M	T	W	T	F	S
10	10	10	10	10	10	10
9	9	9	9	9	9	9
8	8	8	8	8	8	8
7	7	7	7	7	7	7
6	6	6	6	6	6	6
5	5	5	5	5	5	5
4	4	4	4	4	4	4

OCTOBER 2021 | WEEK 46

S	M	T	W	T	F	S
					1	2
3	4	5	6	7	8	9
10	11	12	13	14	15	16
17	18	19	20	21	22	23
24	25	26	27	28	29	30
31						

NOTE

SUN 10	MON 11
TUE 12	**WED 13**
THU 14	**FRI 15**

SAT 16

SLEEP TRACKER

S	M	T	W	T	F	S
10	10	10	10	10	10	10
9	9	9	9	9	9	9
8	8	8	8	8	8	8
7	7	7	7	7	7	7
6	6	6	6	6	6	6
5	5	5	5	5	5	5
4	4	4	4	4	4	4

OCTOBER 2021 WEEK 47

S	M	T	W	T	F	S
					1	2
3	4	5	6	7	8	9
10	11	12	13	14	15	16
17	18	19	20	21	22	23
24	25	26	27	28	29	30
31						

NOTE

SUN 17

MON 18

TUE 19

WED 20

THU 21

FRI 22

SAT 23

SLEEP TRACKER

S	M	T	W	T	F	S
10	10	10	10	10	10	10
9	9	9	9	9	9	9
8	8	8	8	8	8	8
7	7	7	7	7	7	7
6	6	6	6	6	6	6
5	5	5	5	5	5	5
4	4	4	4	4	4	4

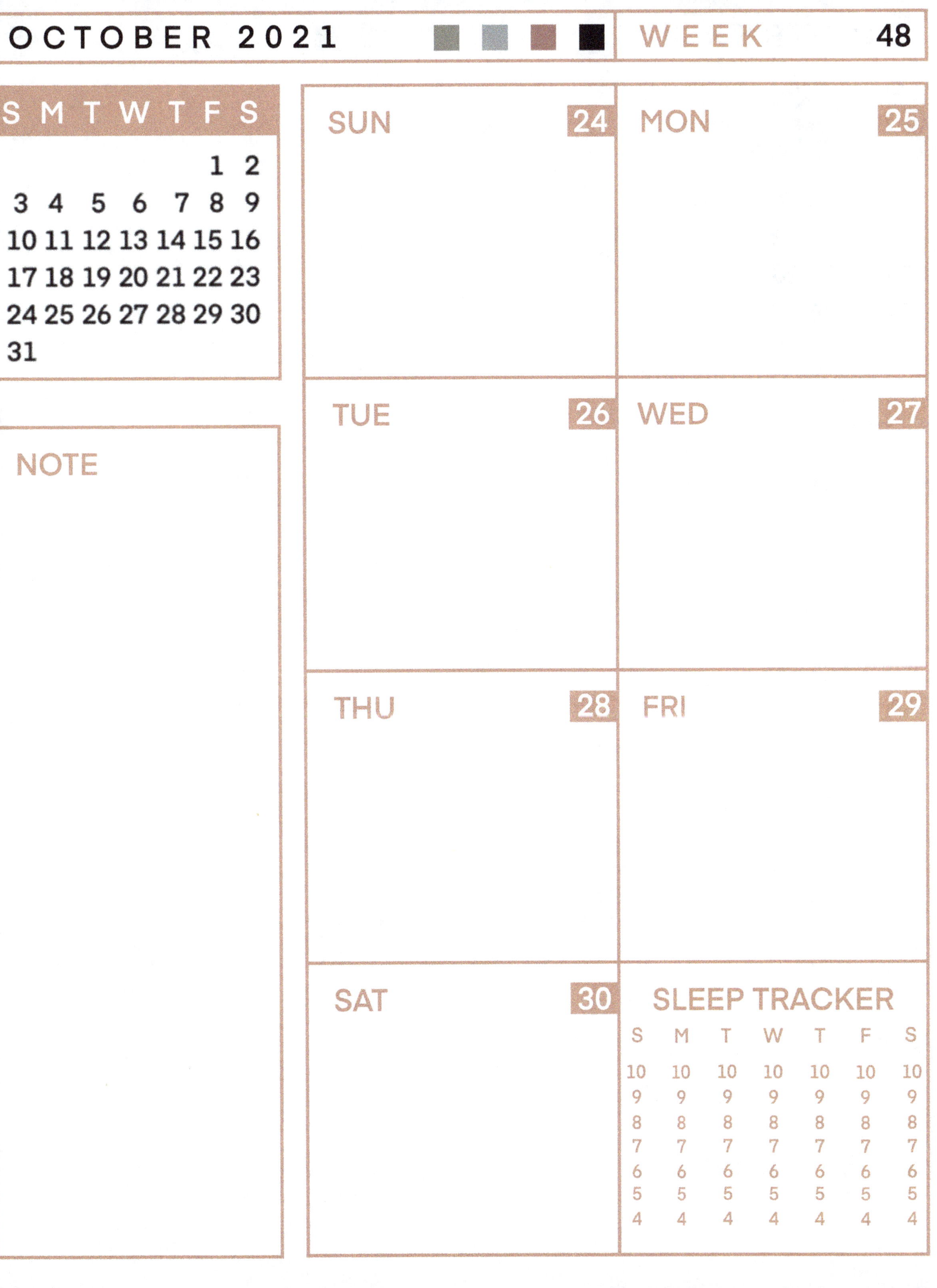

S	M	T	W	T	F	S
					1	2
3	4	5	6	7	8	9
10	11	12	13	14	15	16
17	18	19	20	21	22	23
24	25	26	27	28	29	30
31						

NOTE

SUN 24

MON 25

TUE 26

WED 27

THU 28

FRI 29

SAT 30

SLEEP TRACKER

S	M	T	W	T	F	S
10	10	10	10	10	10	10
9	9	9	9	9	9	9
8	8	8	8	8	8	8
7	7	7	7	7	7	7
6	6	6	6	6	6	6
5	5	5	5	5	5	5
4	4	4	4	4	4	4

OCTOBER 2021
WEEK 49

S M T W T F S
1 2
3 4 5 6 7 8 9
10 11 12 13 14 15 16
17 18 19 20 21 22 23
24 25 26 27 28 29 30
31

NOTE

SUN 31
MON 01
TUE 02
WED 03
THU 04
FRI 05
SAT 06

SLEEP TRACKER
S M T W T F S
10 10 10 10 10 10 10
9 9 9 9 9 9 9
8 8 8 8 8 8 8
7 7 7 7 7 7 7
6 6 6 6 6 6 6
5 5 5 5 5 5 5
4 4 4 4 4 4 4

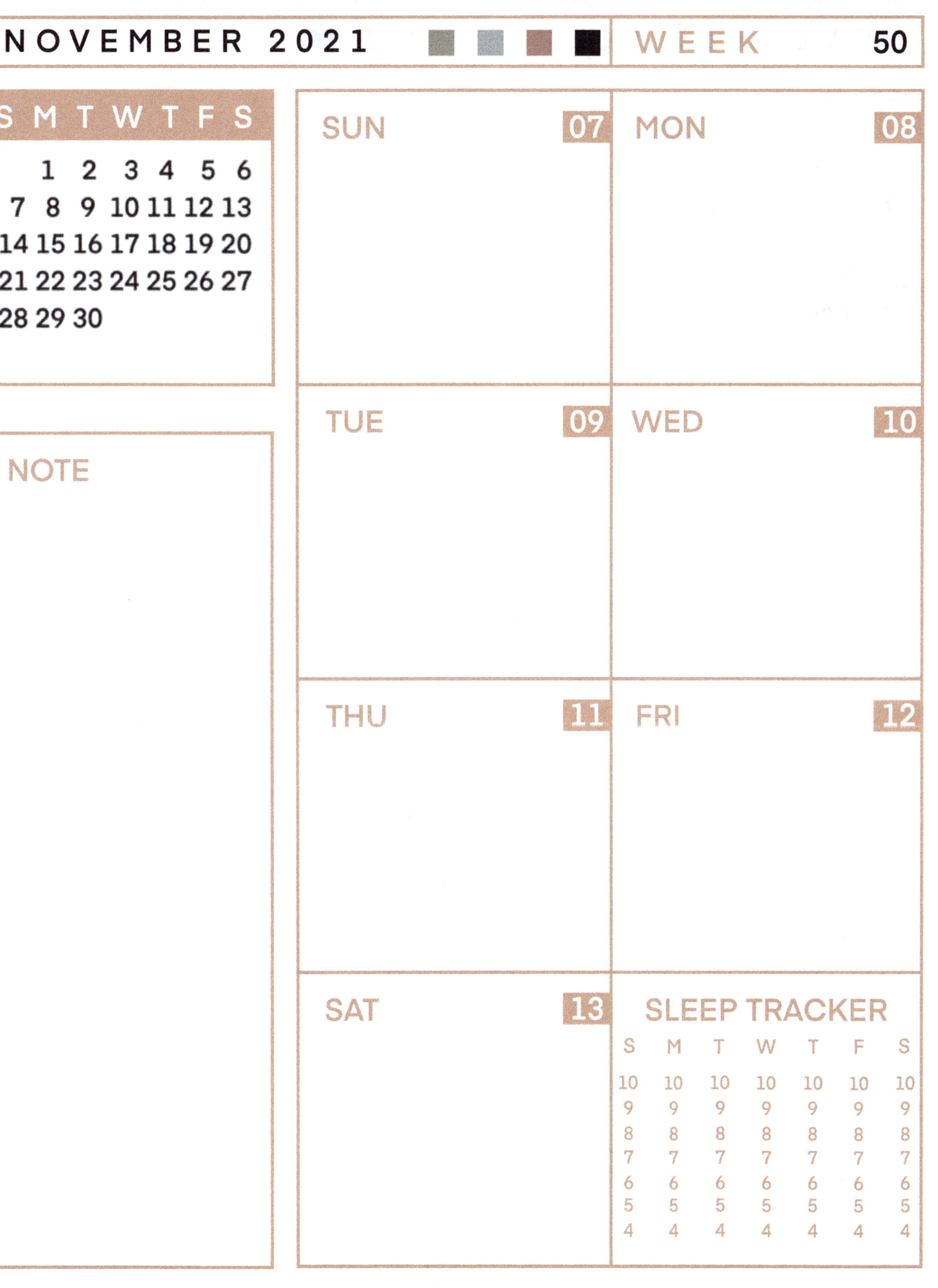

NOVEMBER 2021
WEEK 50

S M T W T F S
1 2 3 4 5 6
7 8 9 10 11 12 13
14 15 16 17 18 19 20
21 22 23 24 25 26 27
28 29 30

NOTE

SUN 07
MON 08
TUE 09
WED 10
THU 11
FRI 12
SAT 13

SLEEP TRACKER
S M T W T F S
10 10 10 10 10 10 10
9 9 9 9 9 9 9
8 8 8 8 8 8 8
7 7 7 7 7 7 7
6 6 6 6 6 6 6
5 5 5 5 5 5 5
4 4 4 4 4 4 4

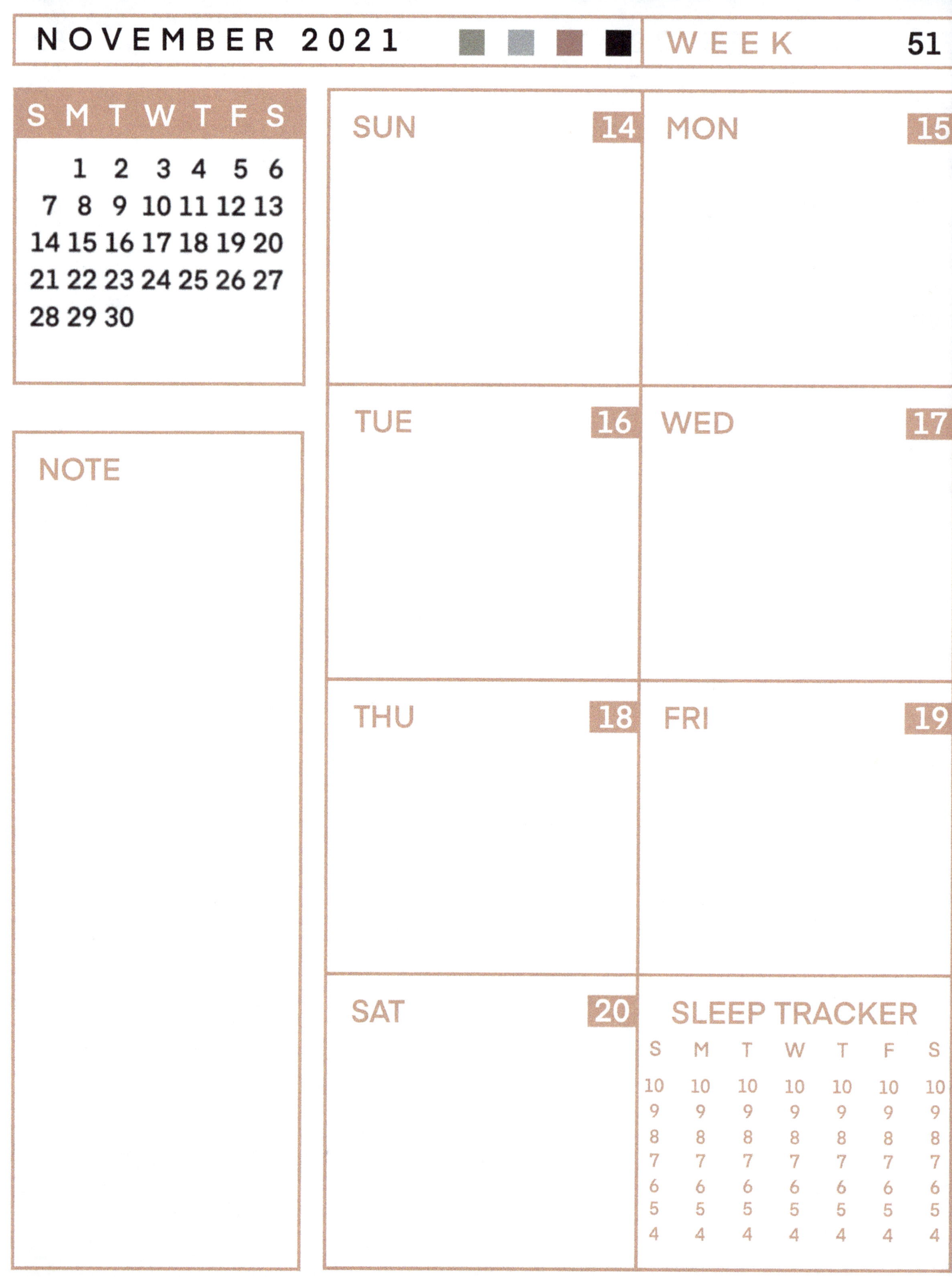

NOVEMBER 2021
WEEK 51

S M T W T F S
1 2 3 4 5 6
7 8 9 10 11 12 13
14 15 16 17 18 19 20
21 22 23 24 25 26 27
28 29 30

NOTE

SUN 14
MON 15
TUE 16
WED 17
THU 18
FRI 19
SAT 20

SLEEP TRACKER
S M T W T F S
10 10 10 10 10 10 10
9 9 9 9 9 9 9
8 8 8 8 8 8 8
7 7 7 7 7 7 7
6 6 6 6 6 6 6
5 5 5 5 5 5 5
4 4 4 4 4 4 4

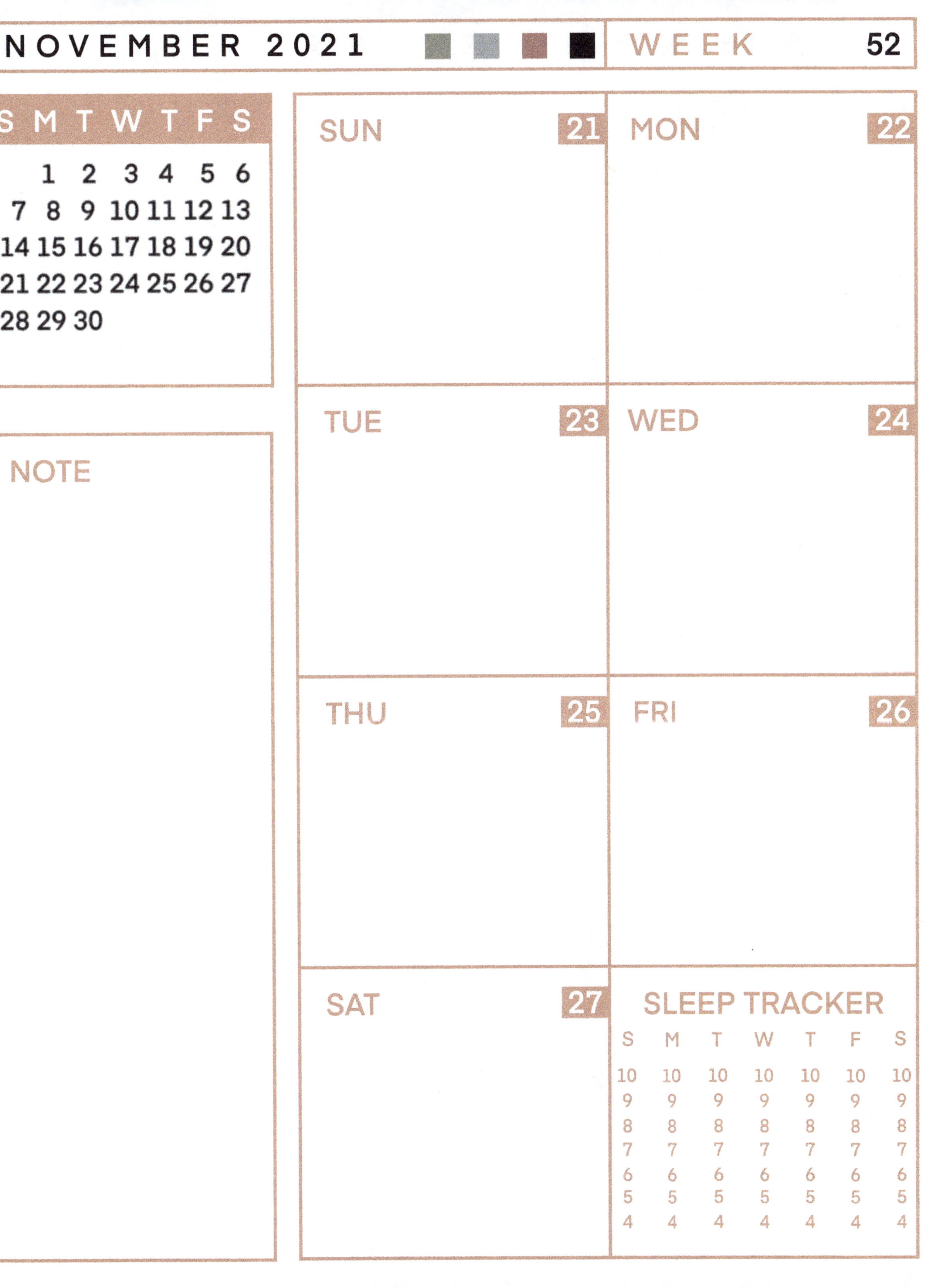

S	M	T	W	T	F	S
	1	2	3	4	5	6
7	8	9	10	11	12	13
14	15	16	17	18	19	20
21	22	23	24	25	26	27
28	29	30				

NOTE

SUN 21

MON 22

TUE 23

WED 24

THU 25

FRI 26

SAT 27

SLEEP TRACKER

S	M	T	W	T	F	S
10	10	10	10	10	10	10
9	9	9	9	9	9	9
8	8	8	8	8	8	8
7	7	7	7	7	7	7
6	6	6	6	6	6	6
5	5	5	5	5	5	5
4	4	4	4	4	4	4

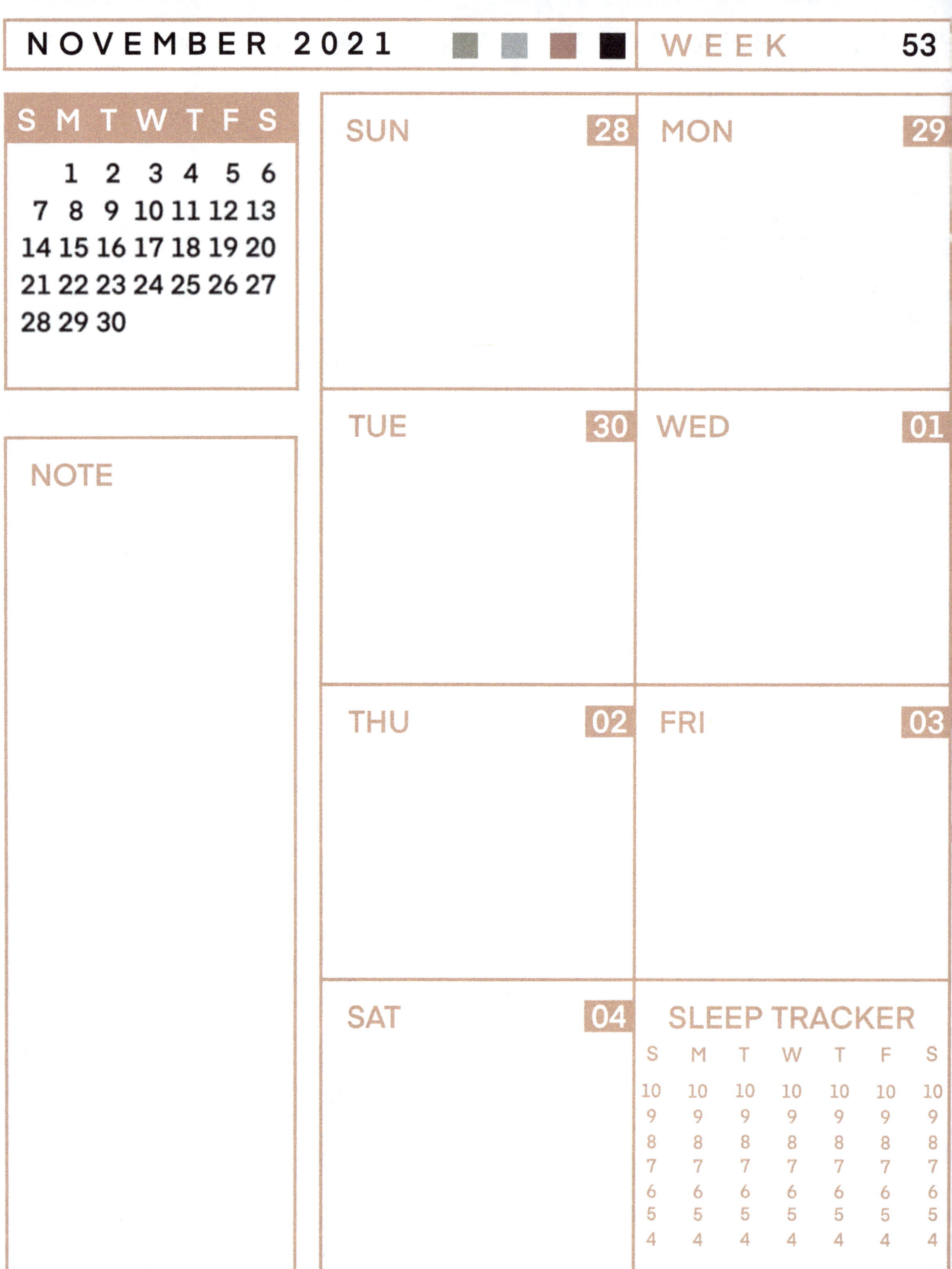

S M T W T F S
1 2 3 4 5 6
7 8 9 10 11 12 13
14 15 16 17 18 19 20
21 22 23 24 25 26 27
28 29 30
NOTE
SUN 28
MON 29
TUE 30
WED 01
THU 02
FRI 03
SAT 04
SLEEP TRACKER
S M T W T F S
10 10 10 10 10 10 10
9 9 9 9 9 9 9
8 8 8 8 8 8 8
7 7 7 7 7 7 7
6 6 6 6 6 6 6
5 5 5 5 5 5 5
4 4 4 4 4 4 4

DECEMBER 2021 | WEEK 54

S	M	T	W	T	F	S
			1	2	3	4
5	6	7	8	9	10	11
12	13	14	15	16	17	18
19	20	21	22	23	24	25
26	27	28	29	30	31	

NOTE

SUN 05

MON 06

TUE 07

WED 08

THU 09

FRI 10

SAT 11

SLEEP TRACKER

S	M	T	W	T	F	S
10	10	10	10	10	10	10
9	9	9	9	9	9	9
8	8	8	8	8	8	8
7	7	7	7	7	7	7
6	6	6	6	6	6	6
5	5	5	5	5	5	5
4	4	4	4	4	4	4

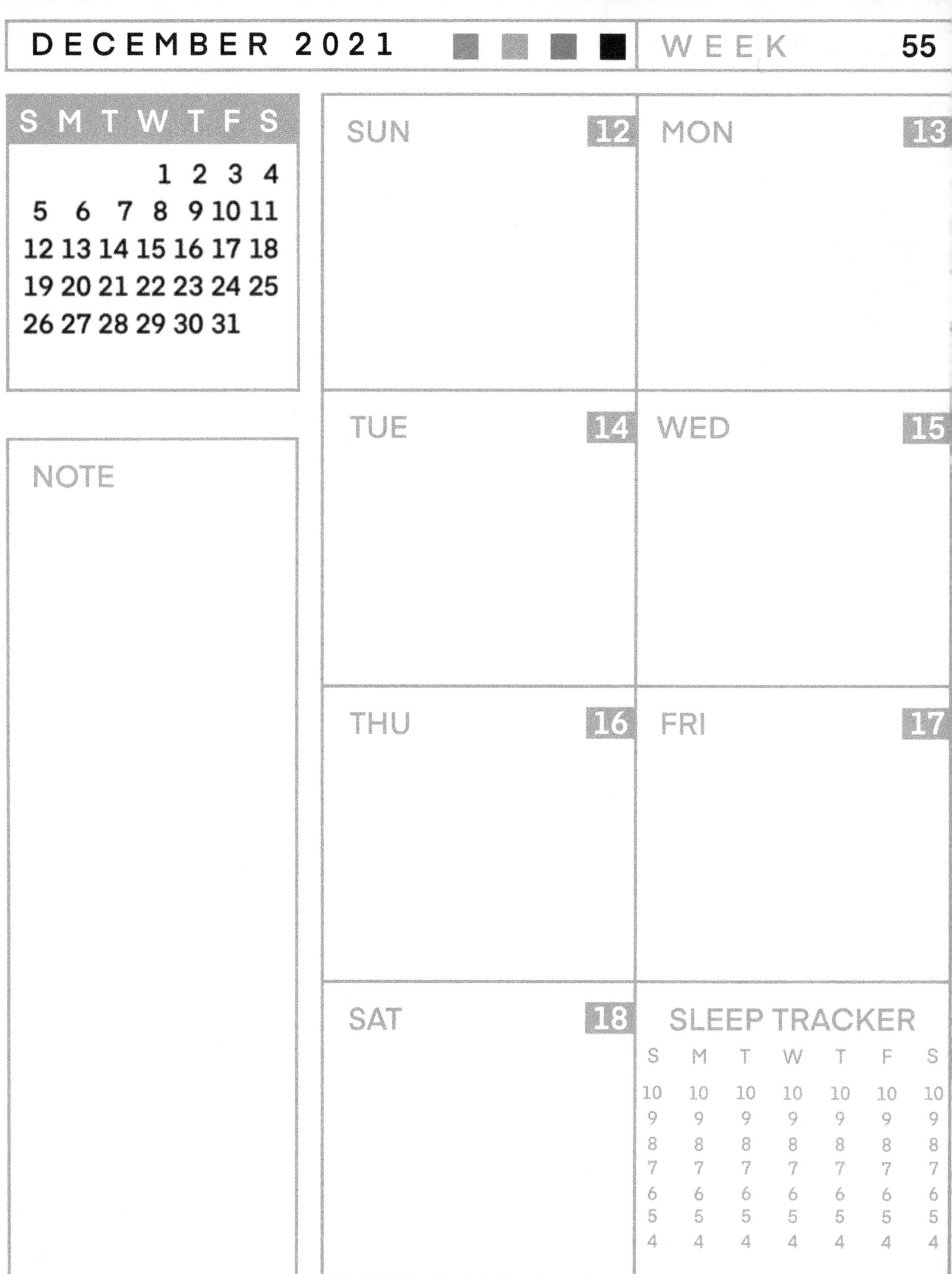

S	M	T	W	T	F	S
		1	2	3	4
5	6	7	8	9	10	11
12	13	14	15	16	17	18
19	20	21	22	23	24	25
26	27	28	29	30	31

NOTE

SUN 12

MON 13

TUE 14

WED 15

THU 16

FRI 17

SAT 18

SLEEP TRACKER

S	M	T	W	T	F	S
10	10	10	10	10	10	10
9	9	9	9	9	9	9
8	8	8	8	8	8	8
7	7	7	7	7	7	7
6	6	6	6	6	6	6
5	5	5	5	5	5	5
4	4	4	4	4	4	4

DECEMBER 2021

WEEK 56

S	M	T	W	T	F	S
			1	2	3	4
5	6	7	8	9	10	11
12	13	14	15	16	17	18
19	20	21	22	23	24	25
26	27	28	29	30	31	

NOTE

SUN 19

MON 20

TUE 21

WED 22

THU 23

FRI 24

SAT 25

SLEEP TRACKER

S	M	T	W	T	F	S
10	10	10	10	10	10	10
9	9	9	9	9	9	9
8	8	8	8	8	8	8
7	7	7	7	7	7	7
6	6	6	6	6	6	6
5	5	5	5	5	5	5
4	4	4	4	4	4	4

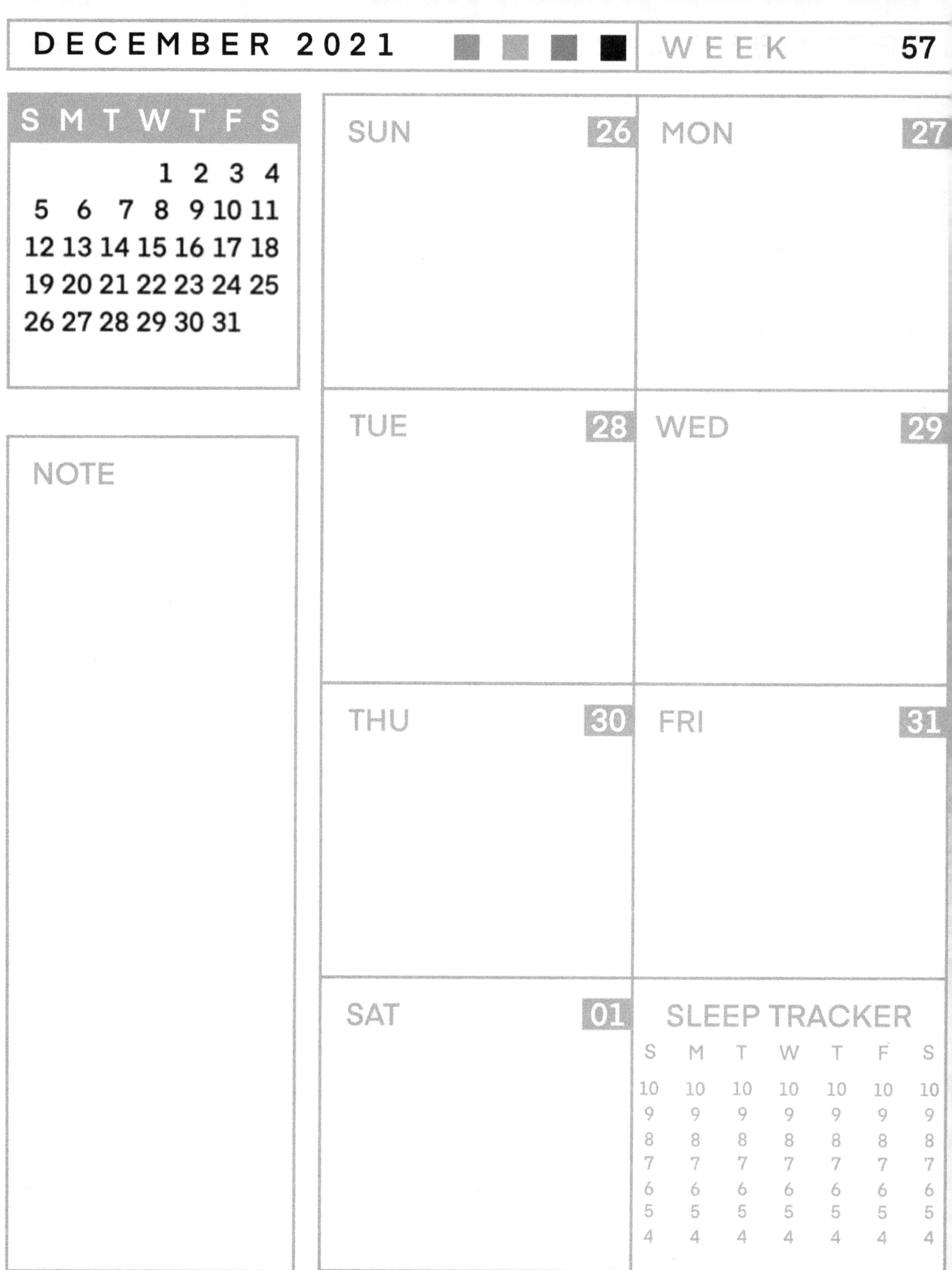

S	M	T	W	T	F	S
				1	2	3	4
5	6	7	8	9	10	11
12	13	14	15	16	17	18
19	20	21	22	23	24	25
26	27	28	29	30	31	

NOTE

SUN 26　**MON** 27

TUE 28　**WED** 29

THU 30　**FRI** 31

SAT 01

SLEEP TRACKER

S	M	T	W	T	F	S
10	10	10	10	10	10	10
9	9	9	9	9	9	9
8	8	8	8	8	8	8
7	7	7	7	7	7	7
6	6	6	6	6	6	6
5	5	5	5	5	5	5
4	4	4	4	4	4	4

We hope you enjoyed our book

As a small family company, your feedback is very important to us.

Please let us know how you like our book at :

PROMOBILEAMZ@GMAIL.COM